RenMinBi
DEJUEQI

人民币的崛起

董志龙 编著

当代世界出版社

图书在版编目（CIP）数据

人民币的崛起／董志龙编著．—北京：当代世界出版社，2011.5
ISBN 978 – 7 – 5090 – 0476 – 0

Ⅰ．①人… Ⅱ．①董… Ⅲ．人民币（元）—研究 Ⅳ．①F822.1

中国版本图书馆 CIP 数据核字（2011）第 081306 号

书　　名：	人民币的崛起
出版发行：	当代世界出版社
地　　址：	北京市复兴路 4 号（100860）
网　　址：	http://www.worldpress.com.cn
编务电话：	（010）83908400
发行电话：	（010）83908410（传真）
	（010）83908408
	（010）83908409
经　　销：	新华书店
印　　刷：	大厂回族自治县正兴印务有限公司
开　　本：	787 毫米×1092 毫米　1/16
印　　张：	9
字　　数：	120 千字
版　　次：	2011 年 06 月第 1 版
印　　次：	2011 年 06 月第 1 次
印　　数：	1～6000 册
书　　号：	ISBN 978 – 7 – 5090 – 0476 – 0
定　　价：	22.00 元

如发现印装质量问题，请与承印厂联系调换。

版权所有，翻印必究；未经许可，不得转载！

前言

对于世界经济发展来说，金融危机无疑是一场破坏力强大的暴风骤雨，由此造成的一系列连锁反应诸如：物价上涨、失业人口剧增、企业倒闭、世界性贸易停滞、银行业惨淡经营等危机现象不但严重破坏着现有的经济秩序，亦会对全球经济与社会生活产生深远的不良影响。

抛开引爆金融危机的诸多因素，只就国际货币运行体系来说，由单一的美元充当世界货币的弊端亦在金融危机中得到了充分的显现。因而，改造世界货币运行模式与格局、规避金融风险则成了世界各国银行家们的案头之重。而人民币如何在这场危机中崛起也成了国内经济学家们学术研究的重点内容。

由中国经济论坛秘书长董志龙先生编著、当代世界出版社出版发行的《人民币崛起》一书从四大主要方面深入阐述了人民币崛起之路。深入浅出地解读了人民币与美元的汇率之争，美元充当国际货币的不安全性，以及与此相关的国际贸易保护主义的损害；描述了美国国债消减之迷、美元贬值的玄机、中国应对"热钱"涌入的对策、中国被迫增持美国国债的原因；并着重阐述了保持人民币坚挺的措施、人民币成为国际货币的必然性、超主权货币的提出与展望等一系列金融领域的焦点问题。为读者描绘了一幅清晰的人民币崛起路线图，阐释了人民币国际化的重要步骤，揭示出人民币崛起的深层寓意与促进人民币崛起的措施与策略等极具经济学价值的重要内容，是近年来系统阐述金融危机状况下推进人民币国际化战略

的经典之作。

全书约 10 万字，语言通俗，阐发入微，为世人了解世界经济运行轨迹，掌握世界经济运行规律，透视国际货币运行体系，以及人民币国际化战略书写了真知灼见。适合社会各界关注经济发展人士阅读。

目录

第一章 人民币的崛起之路

导读：货币不仅是货币，也代表着国家形象；货币不仅是经济的表征，也代表着国家尊严；对于区域经济甚至全球经济发展来说，最能检阅经济发展质量的不仅是经济运行模式，也包含令人恐慌的金融危机。人民币不仅经受住了金融危机的冲击，在金融风暴中建立起了令人瞩目的自尊，亦在沉默中奋然崛起，昂然走向国际货币大舞台！

1. 金融危机中的香港为人民币赢得自尊 …………… 1
2. 人民币在金融危机中崛起东南亚 ………………… 5
3. 人民币成为东盟边贸结算硬通货 ………………… 8
4. 跨境贸易人民币结算量稳步上升 ………………… 11
5. 人民币基金开辟投资中国公司的新道路 ………… 14
6. 强势经济造就强势货币 …………………………… 17
7. 人民币在亚洲地位逐渐提升 ……………………… 20
8. 俄罗斯拟将人民币列入储备货币 ………………… 24
9. 佐利克：人民币有望成为储备货币 ……………… 27
10. 蒙代尔：人民币将主导世界货币体系 …………… 30

第二章　人民币崛起的国际化机遇

导读：区域性货币成为国际货币的最基本要求即是要有强大的实体经济为支撑，更要有一个健康的经济运行模式为保证；百年强盛奠定了美元经济霸主地位，百年强盛也让美元习惯于养尊处优。然而，当今世界并非百年前的世界，"零和游戏"亦非世界经济发展的必然选择。比较而言，世界货币体系更需要一个安全高效的运行模式以及与之相应的实体经济。

1. 美联储为何大规模购入美国国债 ································· 34
2. 美元跌跌不休，贬值暗藏玄机 ··································· 39
3. 美国用"汇率武器"逼人民币升值 ································· 42
4. 美元贬值，人民币升值幅度加大 ··································· 46
5. 粮食价涨，美元贬值惹得祸 ······································· 49
6. 增加黄金储备应对美元贬值 ······································· 53
7. 金融危机中的人民币国际化机遇 ··································· 56

第三章　货币危机之下的"贸易保护"之争

导读：当美元贬值加热了 CPI，热钱的涌入吹大了资本气球，巨额数字围绕汇率生生灭灭，世界眼巴巴地看着中国的时候，人民币如何找回自己？诚然，人民币不会劫掠世界，但人民币会为世界撑起一片"多赢"的天空吗？

1. 谨防美元贬值影响中国经济 ······································· 60
2. 如何规避人民币升值压力 ··· 64
3. 人民币升值的利与弊 ··· 68

4. 用理性货币政策削减热钱预期 …………………… 73

5. 中国货币政策"稳健"仍是主基调 ………………… 76

6. 美元贬值对我国物价影响几何 …………………… 78

7. 热钱"烤"验中国经济 ……………………………… 82

8. 建立独立自主的货币发行机制 …………………… 85

9. 治理通胀,人民币重估是根本之道 ………………… 87

第四章 未雨绸缪:中国如何突围

导读:金融危机不是数字,亦不是道德文章,而是赤裸裸的利益,赤裸裸的攫取的"智慧"。不过,胜者必不会受到世界的称道,败者亦不会受到世界的同情。危机中不存在绿色通道,突出重围有赖多重应对。

1. "大敌"当前,理性调整货币政策 ………………… 90

2. 坚守防线 人民币不自由兑换 …………………… 95

3. 小幅升值 人民币汇率再调整 …………………… 98

4. 化解人民币单边升值带来的风险 ………………… 103

5. 汇率形成机制改革任重道远 ……………………… 105

6. 逐步推进人民币自由兑换 ………………………… 109

7. 货币政策不宜大幅放松 …………………………… 112

8. 严防热钱兴风作浪 ………………………………… 114

9. 堵住热钱回流的"堰塞湖" ………………………… 117

10. 警惕国际热钱掌控中国粮食产业 ………………… 121

11. 采取多种措施抑制通货膨胀 ……………………… 125

12. 吸取教训 完善金融监管体系 …………………… 129

第一章　人民币的崛起之路

导读：货币不仅是货币，也代表着国家形象；货币不仅是经济的表征，也代表着国家尊严；对于区域经济甚至全球经济发展来说，最能检阅经济发展质量的不仅是经济运行模式，也包含令人恐慌的金融危机。人民币不仅经受住了金融危机的冲击，在金融风暴中建立起了令人瞩目的自尊，亦在沉默中奋然崛起，昂然走向国际货币大舞台！

1. 金融危机中的香港为人民币赢得自尊

在全球各国均陷入金融危机的泥淖中时，"东方之珠"香港也蒙上了尘埃，经济出现负增长。

2009年2月25日，香港财政司司长曾俊华在立法会宣布2009—2010年度财政预算案时表示："2009年会是艰难的一年。今年香港经济将会出现衰退，预计本地生产总值会有2%至3%的收缩。囿于欧美日益萎靡的消费，香港去年的实际出口仅有2%的微弱增长，而就业情况会进一步恶化。"曾俊华认为，这将是自1998年亚洲金融风暴以来，香港经济再次出现年度负增长。

在金融危机的影响下，香港经济增长速度逐渐放缓。统计数据显示，2008年下半年香港本地生产增长率逐季显著放缓，由第一季的7.3%跌至第四季的负增长2.5%。整体而言，2008年全年本地生产总值增长为2.5%，低于过去十年的趋势增长。而在2009年，曾俊华认为无论是对外贸易或内部需求，预料都会表现呆滞。

从对外贸易方面来看，香港2008年的实际出口仅有2%的微弱增长。香港贸发局总裁林天福曾经表示，此次金融海啸对香港出口的打击，远较1998年时的亚洲金融风暴及2003年的非典大，因为后两者的影响仅局限于亚洲，并无损及欧美的消费力。但这次金融海啸却始发于美国，并烧至欧洲及日本，此三地一共占香港60%的出口比重，是香港最重要的出口市场。

而在港内，不断攀升的失业率正成为经济发展的噩梦。香港统计处公布的最新数字显示，2008年11月至2009年1月，香港总失业人数上升至约15.8万人，失业率也达到4.6%，按季增0.5个百分点，是自2001年以来遭遇的最大升幅。瑞银的经济学家SeanYokota预计，2009年，香港的失业率将升至7%。

为了应对金融危机对经济造成的影响，香港特区政府迅速作出了清醒的判断。特区行政长官曾荫权明确表示，香港要跨越金融海啸的挑战，就应全方位检视香港的经济、产业及个人的实力和弱点，趁此时机舍短取长，努力提升香港的竞争力，才可在金融海啸中扬帆前进，不会被巨浪卷走。

为了更好地应对金融危机，不少来自香港的政协委员发出加强金融合作，尽快实现人民币在港法定地位的期盼。

2009年3月10日，在十一届全国人大二次会议举行的记者会上，陈永棋、李家祥、张华峰、蔡冠深、许健康、颜延龄等6位港澳委员就"如何应对全球金融危机"主题接受记者采访时传递出这样的期盼："我们提议人民币在香港有一个法定地位。"

全国政协委员、香港期货交易所董事张华峰表示，金融风暴不但对金融产生很大的冲击，现在已经影响了整个经济系统。从金融方面来说，希望人民币在香港是一个合法的货币，这对双方合作会起很大的作用。

张华峰说："如果人民币在香港是法定货币的话，人民币来往业务多了以后，银行是不是可以参与内地企业的贷款？因为现在香港企业贷款还是比较困难。如果解决这个问题，可以通过香港银行进行贷款，香港银行体系有大量的人民币可以帮助企业贷款解决这个问题。如果把人民币作为香港的法定货币，对这方面的发展、对走向自由兑换是有好处的。"

在金融危机的袭击下，人民币在香港进行了强势翻身，成为受欢迎的货币。2009年5月，汇丰银行（中国）和东亚银行（中国）赴香港发行人民币债券，这是外资银行首次在香港发行人民币债券。

2009年6月29日，中国人民银行行长周小川与香港金管局总裁任志刚就内地与香港跨境贸易人民币结算试点业务，签订了相关补充合作备忘录。协议签署后，香港企业与上海、广州、深圳、珠海和东莞的企业可选择以人民币进行贸易结算，香港银行可提供相关服务，香港将成为第一个境外人民币结算区。

2009年7月2日，中国人民银行正式公布《跨境贸易人民币结算试点管理办法》。7月14日，中银香港宣布，当日成功办理香港首笔跨境人民币贸易融资业务，标志着香港人民币贸易融资业务正式启动。

2009年10月15日，香港财经事务及库务局局长陈家强表示，香港会继续积极拓展人民币业务，国家财政部及不同金融机构已赴港发债，期望日后可扩大发债体及人民币债券投资者层面，策略上香港有条件成为境外人民币离岸结算中心，但进展仍视国家政策而定。

历经60年，人民币在香港由弱势货币翻身成为强势货币，这期间遭遇了许多挫折。在经济学者陶冬看来，解放后至上个世纪80年代前，

人民币只是社会主义经济下的弱势货币，人民币自由兑换困难，虽在贸易方面有一定需要，但需求量较小，整体而言，人民币在港并无地位。

虽然在 20 世纪 80 年代前，香港的银行就有开办人民币存款业务和面向内地的人民币汇款业务（在香港寄出港币，在内地领取外汇券）的历史。但由于人民币贬值和实质性负利率，香港银行业于 1989 年正式停办了人民币存款业务。那时的香港，是港币"一统天下"的年代。

到 20 世纪 80—90 年代，内地经济起飞，人民币在港地位才得到一定改善。1993 年，内地金融当局规定，人民币可以合法出境，允许出境者每人每次携带 6000 元人民币。香港的宝生银行率先开设了收兑人民币的业务，每天公布一次牌价表和汇率。开办伊始，宝生的六家分行门口每天排起长龙，从而揭开了人民币迈向自由兑换的新页。此时的人民币，在港虽具有流通性，但仍相对弱势。打开港人的钱夹，港币仍占据了最主要的空间。

如果说，上个世纪人民币还在香江备受冷落的话，那么自由行后，人民币已大获优待，并逐渐跃升成为香港的"次流通货币"。

2003—2006 年底，为招揽"内地豪客"，香港各商家"欢迎使用人民币"的招牌随处可见。在香港旺角、铜锣湾、中环等内地游客聚集区，人民币现钞以空前的速度流转于各个角落，不用购汇照样血拼成为香港街头最寻常的风景，而红色的人民币百元大钞则成为金店、化妆品店、电器店的老板们最乐于接受的货币之一。

而为了因应自由行后大批内地游客来港，香港繁华商业区亦在短时间内冒出了鳞次栉比的货币找换店。2003 年和 2004 年，受益如潮内地客，香港找换店的日子可谓"风调雨顺"。

2007 年初，人民币开始贵过港币，随之而来的是，"欢迎使用人民币"的招牌从香港街头消失。直到金融危机爆发后，人民币在香港再次成为受欢迎的货币。

2. 人民币在金融危机中崛起东南亚

金融危机来临令各国经济形势黯然失色，却令人民币大放异彩，特别是在与中国相邻的东南亚各国，人民币的影响力正在不断上升。据媒体报道，在东南亚区域内，金融危机使人民币越来越受到人们的欢迎，马来西亚、菲律宾、印尼等国家都通过各种渠道，表达了希望中国在金融危机中予以援助的愿望。

在金融危机的冲击下，马来西亚将投资目标放在了人民币上，增加了人民币的储备量。2009年6月22日，《华尔街日报》在报道中称，马来西亚央行（BankNegaraMalaysia）可能准备将人民币资产包括在其外汇储备中。报道指出，中国证监会6月12日表示，已批准马来西亚央行成为合格的境外机构投资者（QFII），这一资格使马来西亚央行可以投资于中国交易所买卖的股票和债券，包括财政部发行的债券。

报道称，QFII限额的批准正值中马两国央行加强合作，讨论如何以本币而非美元开展贸易和投资。并签订了一份货币互换协议，互换规模为800亿元人民币/400亿林吉特，协议全面实施后，将增加人民币在马来西亚和林吉特在中国的使用。

马来西亚央行行长泽提（ZetiAkhtarAziz）说，货币互换协议将有利于两国的贸易和投资。花旗集团（Citigroup）负责马来西亚和新加坡业务的经济学家KitWeiZheng说，货币互换意味着，在任何情况下，马来西亚央行的储备中都会有人民币；这可能是现金，也可能是其他流动性很强的资产。

与马来西亚相比，菲律宾更热衷于人民币。近年来，由于中国经济的腾飞以及中菲关系的改善，两国经贸往来飞速增加。据统计，2007

年中菲贸易额已突破 300 亿美元。尽管受国际金融危机影响，2008 年双边贸易额也达 286 亿美元，中国已成为菲律宾的第三大贸易伙伴。在此情况下，菲律宾中央银行早在 2006 年 11 月就宣布，自 2006 年 12 月 1 日起，人民币和韩元将被列入央行可自由兑换货币名单。

2009 年 7 月 28 日，中国银行马尼拉分行与菲央行签订了《人民币现钞买卖、转运协议》。根据此协议，中行可以在菲律宾开办人民币现钞买卖、存取款及现钞调运业务，并为当地商业银行及非银行金融机构办理人民币账户开立、人民币存取款、人民币买卖等业务。

9 月 25 日，菲律宾第二大银行首都银行宣布，将从 9 月 28 日起在菲律宾开展人民币业务，以满足菲律宾国内市场与日俱增的人民币业务需求。

首都银行是第一家在菲律宾国内开展人民币业务的菲律宾银行。该行说，它将为菲律宾客户提供人民币活期和定期存款业务服务，客户还可以在该行进行人民币对美元和菲律宾比索的买卖业务。

而在印尼，用人民币已经成为一种时尚。2009 年 4 月 5 日，媒体报道称，奔尼是一位印尼华人银行家。近两年来，他一直在收集人民币，家里平时都放着一些人民币现金。他说，一方面到中国出差时备用，另一方面也是因为人民币逐渐变成一种"硬通货"。近一年来，人民币不断升值，他以前家里存着的都是美元，过新年时给亲戚朋友发红包都用美元，最近两年已经换成了人民币。他说这也是华人圈里的一种时尚。

虽然现在人民币在印尼还没有流通，但是印尼市场对人民币的需求还是很大的。奔尼介绍说，在雅加达很多外汇兑换店都可以换到人民币，这在几年前可能是不可想象的事情。

在印尼企业工作的华人保罗认为，近年来，人民币对印尼盾汇率只涨不跌，反观美元浮动太大。因此他更希望公司发放人民币工资而不是美元。

随着印尼人对人民币需求的加大，我国银行开通了人民币在印尼的结算业务。2009年7月6日，中国工商银行（印尼）有限公司向中国客户开出第一笔人民币信用证，完成印度尼西亚市场首单人民币贸易结算业务。这标志着人民币作为贸易结算货币正式进入印尼市场，也标志着工商银行的跨境贸易人民币结算业务正式启动。

人民币正式进入印尼市场，受到了出口商的青睐。印尼某汽车行业知名企业通过这种新的结算方式从中国公司进口了汽车零配件。出口商表示，人民币结算大大降低了公司出口收汇中风险管理的财务和时间成本，同时印尼进口商也可获得更优惠的采购报价。

中国工商银行（印尼）有限公司董事长兼总经理袁斌就此事接受新华社记者采访时表示，人民币作为双边贸易结算工具使中国和印尼进出口商有了更多选择，人民币币值比较稳定，非常受印尼人欢迎。同时，人民币成为贸易结算币种必然对双方贸易有很大推动作用。

早在2009年3月，中国和印尼两国央行签署了1000亿元人民币货币互换协议，为两国直接展开人民币贸易结算奠定了基础。

业界人士普遍认为，人民币在跨境贸易结算中的使用，会促进并推动中国、印尼双边贸易发展。随着人民币跨境结算试点的不断深入，人民币在双边贸易中的使用将越来越频繁，这将使两国的贸易商减少对美元单一国际结算货币的依赖，减少货币兑换的交易成本，降低进出口商面临的汇率风险。

现如今，越来越多的东南亚人青睐于人民币。据悉，东南亚许多富人，都看好人民币的升值前景，纷纷从各自的渠道收集到人民币，但在现实中，由于我国的货币政策限制，海外的银行并不能接收他们的存款，无处获得利息，他们便把钱存在家里自己的小金库中，热情依然不减。

例如，在巴厘岛，已出现专门囤积人民币的小商贩，他们都与各处的货币兑换店打好招呼，一收到人民币立刻上门收购；在马尼拉的货币兑换店中，也早就可以自由兑换人民币，且兑换量均超过日元。

东南亚区域内，美元的危机使人民币越来越成为人们的另一种选择，人民币结算业务成为新宠。西南证券研究员付立春表示，人民币在亚洲特别是东南亚国家已经有一定的接受度。加上美元长期走势疲软，境外人民币圈将陆续稳固成型。

3. 人民币成为东盟边贸结算硬通货

2009年10月24日，在落幕的第六届"中国与东盟"博览会上，务实推进中国、东盟金融合作，期许人民币区域化甚或国际化的呼声甚高。这呼声首先来自东盟国家。在金融危机下，东盟国家希望人民币实现国际化，以摆脱美元可能不断贬值的"梦魇"。

在全球金融危机的背景下，东盟国家十分看好人民币的发展前景，人民币结算在中国与东盟的区域经济合作中发挥越来越重要的作用。据媒体报道，人民币已经成为东盟边贸结算硬通货。

埃生国际投资有限公司董事长乔新宇，在越南等周边国家从事矿产资源开发贸易多年，对人民币在越南的流通有着亲身体会。

"2002年，我去越南的时候，用人民币支付，对方不收，要美元；后来再去，有了人民币兑换点，而且越来越多；再去，就直接收人民币了。越南商人拿了人民币或者保有，或者去兑换。"乔新宇说。

国家外汇管理局云南省分局的统计数字也显示，人民币在云南边境贸易中，已经成为普遍受欢迎的货币。

2006、2007年，云南省边贸人民币结算占比已经达到91%左右。2008年受全球金融危机影响，边贸人民币结算为36.96亿元，同比略有下降，但人民币结算占比仍达90.2%。

更有甚者，在云南边境的缅甸特区，人民币已经成为当地居民的日

常使用货币。中国人民银行西双版纳州中心支行副科长张永强，长期关注云南边境的人民币流通。2007年，他曾经到西双版纳与缅甸、老挝、泰国边境，调查人民币的流通情况。

他说："在缅甸北部掸邦第四特区首府小勐拉，人民币已取代缅币成为主要流通货币。在小勐拉县购物、乘出租车、支付宾馆酒店费用都使用人民币；当地政府的税收，发放政府公职人员、军人工资等也都使用人民币。因为人民币是作为流通货币的，买棵小白菜都可以用。边境的缅甸人用惯了人民币，那些农民拿着钱，太阳下抖一抖，看是不是真的，美元他们不认识啊。"

掸邦第四特区仅有一家银行——缅甸发展银行，主要经营人民币业务。据张永强得到的数据，到2006年末，这家银行在我国金融机构的人民币存款余额近6亿元，前几年最多时超过10亿元。

缅甸华侨王玉顺，从小在缅甸生活。他现在在离云南瑞丽市500公里左右的缅甸境内做挂面生意，还来往于国内，进口一些化工材料运到缅甸卖。

他谈到，缅甸没有一家外资银行。2008年以来，缅币贬值很厉害，因此，人们不愿意存缅币，要么买黄金、不动产，或者换成人民币存。缅甸的华侨华人一般都在中国开有人民币账户，一些大的商家在泰国、新加坡也都开有人民币账户。

在缅甸政府管辖的景栋省、缅泰边境城市大其力和老挝北部南塔、丰沙里两省，人民币在民间都已流通和使用。"在老挝，人民币能够自由流通，但是因为老币与人民币汇率波动较频繁、不稳定以及老方对中国金融业及人民币了解不足，老挝的银行不经营人民币业务，只开展人民币代保管业务，不支付利息，还要收取保管费。但是边境贸易中人民币还是主要结算货币。"张永强说。

同样，在越南，人民币也很受欢迎。2009年7月初，上海女孩金艳从南宁通过友谊关来到越南，开始了22天的休闲之旅。金艳说，在

关口和停车吃午饭的时候，当地人对人民币都十分欢迎。

午饭时，经过一番讨价还价，金艳以1元人民币比2500越南盾的价格与越南一位中年妇女成交。"考虑到越南有专门的机构进行货币兑换，所以当时只换了200元人民币。起初还觉得换得少了，不过当我离开越南的时候，这些越南盾还没用完。"金艳说，"我没料到人民币在越南如此受欢迎，现在越南境内绝大部分消费都可以用人民币结算，根本不用提前兑换。"

与中国边贸和旅游关系较为紧密一些越南省市，人民币在日常生活中的使用范围正在逐步扩大。据悉，在越南首都河内，越南盾、美元、人民币可以自由兑换，当地的饭店、超市、酒吧和娱乐场所都接受用人民币结账。

在胡志明市等大城市的高级消费场所，2002年以前只接受美元，现在很多酒店都可以将消费金额直接折算为人民币结账。一些消费场所还直接把人民币价格特别标注出来，这样消费起来就更方便。

此外，现在中国人在越南持有银联标志的银行卡消费、取现都已十分方便。截至2009年6月初，越南外贸银行开通的银联卡受理商户和ATM机数量已分别达到了1000家和1100台，主要分布在河内和胡志明市，基本涵盖了中国人经常到访的机场、百货商店、风景名胜区、酒店、餐厅等场所。这使得来越南旅游、公干的中国人使用银联卡消费和取款更加方便。显然，人民币在越南越来越好用了。

而在老挝，人民币成为第三外币。据老挝中国商会名誉会长姚宾介绍，随着中老之间商贸的快速增长，人民币在老挝这个外汇管制的国家，已成为仅次于泰铢和美元的自由度最大的一种外币。

姚宾介绍，除了边贸口岸，在老挝靠近中国、泰国和缅甸的北部5省，由于中国商贸人士和旅游者增多，当地一些华人开的店里，人民币也开始慢慢流通了。

近年来，由于汇率相对稳定，人民币越来越受到东南亚往来各国客

商的欢迎。特别是去年的金融危机之后，人民币存款成为老挝银行的"香饽饽"，有钱人也开始大量储蓄人民币。

据西双版纳磨憨边境贸易区管委会相关部门统计，2008年，由磨憨口岸出入境人员总数累计超过40多万人次，虽有金融危机的影响，但比2007年同期仅略有下降；同时，来自世界各地的旅游者却持续增多。

在磨憨口岸，许多"路边银行"进行外币兑换交易，要出境的旅客需要兑换老挝币、泰铢和美元时，当场就能交易；而一些从境外回来还有剩余外币的旅客，也同样会从他们那儿兑换成人民币。

磨憨边境贸易区商务外事旅游局的同志告诉记者，由于边境贸易的日趋活跃，老挝北部5省居民一般进行普通消费时，喜欢使用老挝币和泰铢，但是在购买大件物品时，又因为老挝币和泰铢不易携带，改用美元和人民币结算。为此，2008年开始，中国银行西双版纳磨憨支行着手与老挝银行商议，拟开通两国间货币互通结算的业务。

4. 跨境贸易人民币结算量稳步上升

近年来，随着我国经济实力不断增强和人民币汇率持续稳定，人民币在我国与毗邻国家经济交往中作为支付货币的使用范围和规模不断增加，国际地位不断提高。

为了满足境外机构对人民币的需求，2008年12月24日，国务院常务会议提出，在广东和长江三角洲地区与港澳地区、广西和云南与东盟的货物贸易进行人民币结算试点。2009年4月8日，中国国务院总理温家宝主持召开国务院常务会议，会议决定，在上海市和广东省广州、深圳、珠海、东莞五城市开展跨境贸易人民币结算试点。

金融专家认为，在当前应对国际金融危机的形势下，开展跨境贸易人民币结算，对于推动中国与周边国家和地区经贸关系发展，规避汇率风险，改善贸易条件，保持对外贸易稳定增长，具有十分重要的意义。

人大财政与金融研究所副所长赵锡军表示，进行跨境贸易人民币结算试点后，意味着进行贸易的企业可以直接用人民币进行结算，贸易交易成本大幅降低。同时，目前美国为应对金融危机大量发行美元，美元贬值压力加大，而以人民币作为贸易支付可以减省用美元结算的汇兑成本，企业可灵活地应对汇率变动，因此，企业是人民币跨境贸易人民币结算的主体，也是最大的受益者。

2009年7月2日、3日，中国人民银行先后公布了《跨境贸易人民币结算试点管理办法》及其《实施细则》。

相关政策出台后，中国银行凭借其在国际结算领域的传统优势，第一时间做好了代理行协议安排、账户开立、汇率报价、收付清算、系统改造等准备工作，并根据客户需求设计了相应的产品和服务模式。中银香港作为香港地区人民币清算行，在贸易结算和贸易融资领域优势明显，具有处理内地与香港两地跨境业务的丰富经验，拥有大批熟悉内地法规政策和业务操作的专业人才。自2004年率先推出个人人民币业务以来，中银香港在香港市场一直保持领先地位。

中国银行有关负责人表示，国际结算业务是中国银行的传统优势业务，中行集团国际结算量全球领先，境内行国际贸易结算和外币贸易融资市场份额稳居第一，海外机构和代理行资源覆盖全球，拥有广泛便利的清算网络。这些都有助于中国银行跨境贸易人民币结算业务的持续开展和不断完善。中国银行将进一步完善跨境贸易人民币结算操作流程，继续推进人民币对周边国家货币的报价平仓、头寸清算渠道建立等方面工作，巩固外币国际贸易结算领先地位，把握人民币跨境贸易结算先发优势，全力打造国际一流贸易金融服务银行。

跨境贸易人民币结算业务开展以后，取得了良好的成果。2009年

10月13日，深圳、香港两地的金融机构以及政府部门在深圳联合召开跨境贸易人民币结算推介会。香港金管局数据显示，随着出口退税等政策的完善，人民币跨境贸易结算业务量开始稳步上升。

人民银行深圳市中心支行行长张建军表示，截至9月30日，深圳市共办理跨境贸易人民币结算业务48笔，累计金额5812万元，占全国结算金额的54%。试点业务启动以来，深圳还率先办理了对俄罗斯进出口的人民币结算业务，并于8月率先完成了第一笔跨境贸易人民币结算出口退税。

由于此前出口退税等措施未落实，跨境贸易人民币结算业务一度遭受冷遇。香港金管局外事部助理总裁阮国恒在推介会上透露，目前该业务已经稳步回升。根据香港金管局数据显示，7月份该项业务开通当月交易量约4000多万元人民币，8月份降低到1800万至1900万元人民币。随着8月底出口退税等政策的逐步完善以及金融机构大力推广，9月份业务量出现稳定增长。根据不完全统计，仅通过清算行渠道的结算量就有约2800万元人民币。尤其令人鼓舞的是，从9月份开始出口及进口业务的人民币结算金额已经一半对一半。

在良好的发展势头下，启动跨境贸易人民币结算业务的中资银行数量有所增加，中资银行正积极召开推介会抢占市场空间。而外资银行也纷纷加入这一阵营，目前汇丰、东亚、恒生等多家外资银行均已启动跨境贸易人民币结算业务。

香港金管局13日率领多家香港银行参加推介会，其外事部助理总裁阮国恒还表示，他们已经在东盟一些国家召开了推介会，并且还会去越南、新加坡继续推介。他们希望东盟的银行都能利用深港结算平台进行清算，并希望香港能借此成为离岸人民币的唯一清算平台，以维持国际金融中心地位。此外，上海市政府也上报了900多家企业名单到相关部门，希望大幅增加试点企业以及试点区域。一些试点企业还表示，也希望境外试点能扩大到日韩等贸易量大的地区。

"选择跨境贸易人民币结算业务,将有利于增强企业的选择权和议价能力,并降低汇率风险。"人民银行深圳市中心支行行长张建军表示,目前国内外对人民币升值形成新预期,企业选择人民币结算有利于锁定成本、简化手续、提高效率,希望企业从战略高度来看待这项业务。

深圳市副市长陈应春指出,深圳作为外向型城市,外贸出口是深圳经济增长的主要动力,推动跨境贸易人民币结算有利于深圳对外贸易摆脱国际金融危机的影响。同时,深圳与香港的经济金融交流密切,通过开展跨境贸易人民币结算,可以深化两地的经济金融合作,扩大深港经济金融的集聚和辐射能力。

陈应春指出,推动跨境贸易人民币结算将是一项长期重要工作,该业务的顺利开展还需要政府继续协调相关部门,扩大试点企业范围,优化通关、退税等措施,加大政策倾斜力度,金融机构也应该围绕该业务推出更多创新产品,为企业提供更好服务。

5. 人民币基金开辟投资中国公司的新道路

金融海啸引发海外市场流动性短缺,资本市场筹资几近停滞,在此种情形下,人民币基金受到国际投资者的青睐,国际私募股权投资机构希望通过建立人民币基金以更多地参与中国企业的发展以及接触到更多的国内投资者。

2009年,人民币基金,即以人民币计价的投资工具,开始走红市场。从投资案例数量来看,第二季度以人民币投资的案例共有62笔,占投资案例总数的55.4%,较2008年同期以人民币投资案例数占比的39.3%增加了16.1个百分点,较2009年第一季度30.6%的占比则上升了 24.8 个百分点。从投资金额来看，人民币投资的案例金额为 7.49 亿美元，占调整后投资总额的 59.6%，亦占据市场主导地位。

金融危机爆发后，人民币基金在投资人的眼中，已经变得越来越有吸引力。2009 年 8 月，黑石（Blackstone）、麦格理（Macquarie）、KKR 及其他一些全球性投资机构在上海浦东宣布计划成立自己的人民币基金。其中，黑石中华发展投资基金，募集资金约 50 亿元人民币，资金投向以浦东及上海周边地区为重点领域。

10 月 30 日，全球私募巨头黑石集团人民币基金正式挂牌成立。黑石集团大中华区主席梁锦松表示，尽管全球仍处在金融危机之中，但由于中国经济的高速增长和企业良好的回报，黑石不会减缓在中国的投资。

位于上海的投资公司德同资本（DTCapital）的合伙人田立新（Joe-Tian）指出，"目前国内 A 股市场形势乐观，而创业板上市企业 IPO 的市盈率非常高"。位于深圳的中国创业板于 10 月 23 日正式成立，于 10 月 30 日开始交易，这是许多风险投资基金经理十年来翘首以待的时刻，它为投资者在国内资本市场的退出增添了新的渠道。

同时，对人民币兑美元升值的预期，以及中国依旧强劲的经济表现等因素都对投资机构转向人民币基金的趋势有所贡献。对于全球性的投资机构而言，他们希望在某些交易渠道被堵塞的同时，人民币基金可以开辟投资中国公司的新道路，以使他们能更多地参与国内企业的发展以及接触到更多的国内投资者。

中国市场对于私募股权投资者有着特别的吸引力。田立新表示，在中国创业板上市的 28 家企业，平均能达到 10 倍多的投资回报率，这在全球其他市场都很难遇见，中国市场让人很难忽视。他补充说，"看看中国私募股权投资行业表现居于前 10% 的公司，他们的回报比其他市场更有吸引力。"

但是仍有许多公司都面临挫折，不仅是因为还没有寻找到好的投资

机会，还因为海外交易架构面临着愈加严厉的监管。过去，美元基金基本是投资于国内企业在海外设立的实体。但是中国在2006年颁布的关于外国投资者并购境内企业的新规，使得国内企业设立海外架构非常困难，这一投资渠道因此受到更多的限制。

这也是外国投资机构越来越被人民币基金吸引的原因之一。美迈斯律师行发表的一份题为"人民币基金：发展与趋势"的研究报告指出，截止2009年5月，中国约有400多家纯内资人民币基金投入运营；同时，在过去的两年中，外资创投企业（简称FIVCIE）的数目从个位数升至40多家。FIVCIE是一种外国投资人民币基金的法律形式，其募集基金的总规模已经超过了15亿美元。

2009年，人民币基金越发显得红火。虽然该行业的绝大部分投资仍然来自于外币基金，但根据位于北京的调研公司清科创投（Zero2IPO）的资料，2009年第二季度首次出现了人民币私募股权投资交易超过海外公司股权投资交易的情况。在该季度的13起投资交易中，有9起是以人民币交易的。与此同时，与7月份相比，8月份新成立的人民币基金的总筹资目标提高了近3倍。

中国政府也在积极推动人民币基金的发展。但这次的动力不是来自中央，而是来自于地方政府，部分城市先后出台政策激励投资者创立人民币基金。商务部为这些激励措施再添一把火，把批准外国投资的风险投资基金的权力下放给各省级机构。

美迈斯的报告指出，"中国各级监管机构的措施均推动着国内法律环境的迅速演进，从而支持发展人民币基金，使其成为将来在中国投资的平台。"

人民币基金与繁琐的海外架构投资路线相比有许多优势。美迈斯律师行的合伙人劳伦斯·萨斯曼（LawrenceSussman）指出，比较显著的区别在于，相比于美元投资，人民币投资在某些情况下可简化审批流程，有助于避免官僚障碍，加速投资流程，使得国外投资人获得原来只

有国内基金才能享有的迅速行动的优势。另一方面，人民币基金将使得投资人可以更快地把海外投资转化成人民币。

位于上海的普凯投资基金（PraxCapital）也是一家专注投资中国的私募股权投资基金。合伙人许雷（MichaelXu）表示："纯美元基金在交易架构与缔结交易的效率方面面临困难。在某些交易结构下，你必须投入一些人民币，这就是说我们必须找到合作的投资方。但如果我们有自己的人民币基金，就会对交易就有更多的控制权。"

普凯投资已经抢占先机，成为首批获得上海有关当局批准成立的人民币基金之一。德同资本则已在去年早些时候成立了一支人民币基金，当时亦属北京市政府首批批准成立的人民币基金。

人民币基金的崛起将会拓宽私募股权投资行业在中国的规模。沃顿商学院创业与管理学教授拉斐尔·阿密特（RaffiAmit）说："人民币基金的存在将拓宽风险投资的行业范围与地理范围。2009年上半年的数据显示，中国超过95%的私募股权投资基金落在了三个省份。未来这种情况可能会发生变化。"进一步的涵义是，他表示："风险资本供给的增加将对中国的创新产生深远的影响。中国的创业者与发明家将更容易获得风险资本。"

6. 强势经济造就强势货币

我国自改革开放以来，国民经济持续、快速发展，使我国的综合国力增强，中国正在成为崛起中的大国。伴随着中国的崛起，人民币也正在往强势货币发展，其强势不仅表现在人民币的持续升值，更表现在人民币在国际上占据越来越重要的地位。可以说，中国的崛起为人民币走强奠定了基础。

在强劲态势下，人民币受到周边国家居民的欢迎。据悉，在蒙古国，人民币已经占到当地流动现钞总量的60%左右。在与中国的口岸城市二连浩特相毗邻的蒙古国扎门乌德市的商店里，每件商品都有两种形式的标价：图各里克（蒙古货币）和人民币。在蒙古首都乌兰巴托几个较大的外汇市场上，人民币和美元是成交最多的货币。

在俄罗斯的远东城市海参崴，不少市场卖的都是中国货，摊主都十分愿意接受人民币，如果拿人民币找他们兑换卢布，他们也很乐意，比价是按美元——人民币、美元——卢布的汇率折合。

在马来西亚和泰国，除了华人开的一些小商场和餐饮店外，当地颇有规模的百货公司、土产专卖店、珠宝首饰店，都公开挂出用中文写的"欢迎使用人民币"的招牌，泰国的一些旅游工艺品商店则干脆用人民币标价。

在吉隆坡近郊黑风洞印度山麓，有一排排的印度土产食品店和服装、工艺品专卖店，这里的印度店员都会说几句中国话，如果游客使用人民币买东西，还可以享受"打八折"的优惠。在越南旅游观光，随处可以见到兑换人民币的摊点。

事实上在我国与周边国家和地区的贸易中，人民币已经普遍用作支付和结算的硬通货，有些国家官方甚至已经承认人民币为自由兑换货币，每日公布人民币与本币的比价。2002年世界杯足球决赛在韩国举办，大赛期间，韩国银行不但大胆推出了人民币自由兑换韩国货币的业务，并且可以享受与美元、欧元、日元同样下浮3%手续费的优惠，有人戏说道："中国的足球虽未出线，人民币却先出线了！"

2003年，国家外汇管理局的一项调查显示，人民币在周边国家和地区流通的主要原因在于：一是人民币币值稳定，汇率风险小。二是周边国家外汇储备匮乏，外币结算困难，为保障经贸活动的开展并确保资金安全，只有选择用人民币结算。三是双边贸易、旅游业的快速发展，使人民币的大量流出流入成为必然。四是双边银行不通汇路，加大了外

币结算难度，而使用人民币现钞结算，尤其快捷和方便。

　　人民币不仅在中国的周边国家及亚洲地区受到青睐，而且还漂洋过海，走到了欧洲一些经济发达的国家和地区，受到欧洲一些国家居民的欢迎。据媒体报道，在意大利曾发生过这样一个故事：在罗马斗兽场前，一位意大利的小贩看到一群中国游客，便热情地走过来兜售明信片、钱币等旅游纪念品。当时这几位中国游客刚到罗马，尚未来得及兑换意大利里拉，所以只好遗憾地摇摇头。没想到小贩瞪大眼睛，操着半生不熟的汉语连连说道："中国人，有钱！有钱！"说着，从身上掏出一叠人民币，边比划边说："人民币，OK！"。几位中国游客又惊又喜，其中一位游客掏出一张20元面额的人民币，试探着递给了小贩，小贩喜滋滋地接了过去，同时递给这位中国游客20张罗马风景明信片。由此可以看出，人民币在意大利不仅受欢迎，而且还蛮"坚挺"。

　　人民币不仅受到境外居民的欢迎，而且越来越多地引起了金融专家、学者的关注。2001年10月份，在我国举办的高交会"新型创业资本市场论坛"上，1999年度诺贝尔经济学奖获得者，有"欧元之父"美称的罗伯特·蒙德尔教授发表讲演说，他十分看好人民币的前景，认为中国可能是继美元、欧元、日元区后，下一个货币区的候选国。蒙德尔教授认为，当今世界经济某种程度上为美元、日元、欧元三大地区所支配，占世界经济GDP总量的60%，在某种意义上构成了稳定国际货币的三个"稳定角"，而人民币很有可能成为第四大稳定角，但其前提条件是人民币必须成为可自由兑换货币。

　　在2001年5月份的北京国际周期间，被人们称之为"预言家"的德国前总理施密特，在"世界新经济论坛"上又作了一次历史性预言：中国经济30年内将会超过日本，那时世界的三大货币将是美元、欧元和人民币，日元只起到地区性作用。

　　2002年5月23日在北京市国际企业家顾问第三次年会上，东京三菱银行的行长三木繁光先生建议：在2008年北京举办奥运会时，中国

应该考虑人民币在海外的自由兑换，这会为游客带来极大的方便。

2002年1月1日，欧元现钞正式进入流通领域，中国著名金融学家赵海宽在接受记者专访时表示，欧元的启用表明世界货币体系发生了重大变化。货币和政治是紧密相连的，世界向多极化方向发展，世界货币也进一步趋于多元化。不仅欧元同美元等将一起发挥世界货币的作用，随着我国经济实力的迅速增长，在更大范围和更大程度上参与经济全球化进程，把人民币培养成世界货币也是可能的。

人民币为何能够悄然迈出国门，探索其中的原因，我们不难发现，是"强势经济"造就了"强势人民币"。

1993年以来，我国国民经济持续快速增长，特别是在全球经济增长放缓的情况下，我国经济仍然一枝独秀。进入2000年以后，受美国经济衰退和"9.11"事件的影响，世界经济平均增长率只有1.4%，惟有中国保持了7%以上的高增长速度的稳定。

人民币的形象在世界上越来越高大，人民币越来越受到世界各国人们的青睐，其奥妙在于它的背后有发展势头十分强劲的经济在支撑。

7. 人民币在亚洲地位逐渐提升

在全球公司债券发行量普遍下降的背景下，亚洲新兴市场却显现出一番独特的热闹景象。随着中国企业本币债券发行量的急剧增加，人民币首次取代美元成为亚洲新兴市场最受欢迎的货币。

统计数据显示，截止到2008年9月初，亚太地区（除去澳大利亚和日本）新发行的普通公司债券的价值只增长了3.1%，而全球则下降了44.3%。其中，亚洲新兴市场2008年发行的人民币公司债券（不包括可转换债券）的价值为249亿美元，比2007年同期增加了84.5%。

而美元债券发行则下降了64.3%，仅为100亿美元。欧元债券和日元债券发行量分别下滑了30.1%和43.3%。

从这些数据中不难看出，随着美国经济陷入滞胀，投资者对美元失去了信心。香港亚洲证券业与金融市场协会（ASIFMA）常务董事尼古拉斯·布尔萨克认为，这反映出投资者出于对美元币值的担心，相反却对亚洲货币计值的资产更感兴趣。

在亚洲货币中，人民币占据着重要的地位。有金融学者认为，随着经济实力的不断增强，人民币将由区域性强势货币，逐步发展成为与美元、日圆和欧元鼎立的世界货币。

2002年，时任中国央行行长的戴相龙曾在广州举行的全国银贸协作会议上分析大陆当前的金融、外贸形势时表示，近几年来人民币表现不俗，目前周边许多国家对人民币越来越有信心，有一些国家还设立人民币自由兑换点，中国居民到周边一些国家旅游还可以直接用人民币购物、消费，人民币已渐成为强势货币。

现如今，人民币在亚洲国家已经受到美元般的礼遇。2009年1月5日，韩国网络媒体"今日金融"援引韩国央行负责人谈话报道称，韩央行曾对将人民币纳入外汇储备的可能性进行了研究。但因认为中国的监管问题仍然存在，且担忧能否在必要时立即撤出所投资金，央行搁置了这项计划。该报道随即被各国媒体广泛引用。

"今日金融"在其报道中援引韩国央行的一负责人的话称，人民币在亚洲作为结算货币的价值急剧提高，许多亚洲国家将考虑把人民币作为外汇储备。另一位负责人解释称："除了中国政府的限制之外，通过人民币进行投资以及必要时撤出所投资金等方面都存在问题，因此暂时搁置了该计划"。

此前，人民币已经成为白俄罗斯等国家的外汇储备币种。对此，"今日金融"分析认为，人民币变动性不大，加之中国经济在世界经济的比重日益增大，因此人民币很有可能成为基准货币。为此中国政府需

要果断放宽各种限制，使人民币走出亚洲。从中长期来看，韩国将把人民币作为外汇储备。美元贬值之后，人民币与欧元将展开激烈的基准货币地位竞争。

另外，人民币如今在蒙古国大受欢迎，正被普遍使用，许多居民都存有人民币。当地货币对美元的汇率也以人民币对美元的汇率为依据。

上世纪末，随着中蒙双边经贸关系不断发展以及两国人员相互往来增加，人民币在蒙古国与当地货币图格里克的兑换活动不断扩大，先是主要集中在个人之间进行，最后逐步发展到可以完全公开兑换。

进入新世纪以来，人民币在蒙古国广受欢迎，目前已被普遍使用。现在，在蒙古国首都乌兰巴托，除了在银行可以兑换人民币外，在所有的货币兑换点都可以兑换人民币。

乌兰巴托至少有百余家公开货币兑换点。这些货币兑换点有的是公司开设的，有的是个人开设的，有的甚至主要就是为了兑换人民币才开设的。据一家兑换点的工作人员介绍，人民币的兑换量常常超过美元。

在乌兰巴托的货币兑换点和各家大小银行，图格里克对美元的汇率是以人民币对美元的汇率为依据的。目前，图格里克对美元的汇率约为1425比1，对人民币的汇率约为210比1。

目前，在乌兰巴托的大小商店里，基本上可以直接用人民币购物。售货员见到中国人看某一种商品时，一般都会将其图格里克价格用计算器算出人民币价格，并直接收取人民币。在乌兰巴托的宾馆和饭店基本上都可以直接使用人民币。

在乌兰巴托的百货大楼，虽然收银台不收人民币，但在大楼里设有货币兑换点，顾客可根据需要的数额随时用人民币兑换图格里克。

近几年，许多蒙古国居民都认为，手里存有人民币甚至比存有美元更加放心，而且人民币比美元用起来更方便。许多蒙古国居民常到北京、呼和浩特和二连浩特采购商品，口袋里装的基本都是人民币。

由于人民币的信誉良好，加之蒙古国居民确实需要人民币，近几

年，中方人员来蒙古国带入人民币金额已不受限制，只要正常报关即可带入。在中国和蒙古国商人之间的商品交易中，特别是在两国个体商人之间的商品交易中，大都用人民币结算。蒙古国部分国际性合作项目也有用人民币报价和结算的。

对于往来中国和蒙古国之间的人员来说，随身携带大量现金既不安全，也不方便。为解决这一问题，目前蒙古国的多家银行都有人民币存款和电汇业务。例如，蒙古国贸易开发银行与中国农业银行早在2002年5月就正式开通了汇款服务项目。准备前去中国的蒙古国居民可以通过蒙古国贸易开发银行将人民币汇到中国农业银行，而到中国后再从中国农业银行的分支机构取出自己的款项。而准备前来蒙古国的中国居民，也可以通过中国农业银行将人民币汇到蒙古国贸易开发银行，到了蒙古国后再从蒙古国贸易开发银行的分支机构取出自己的款项。

强势的人民币走向让建立亚洲统一货币的呼声再起。2009年3月，中信银行副行长曹彤在接受访问时就指出，构建多元化货币体系，就必须迅速在亚洲地区形成某种货币制度安排，进而构建美、欧、亚三足鼎立的多元化国际货币体系，形成国际货币体系的平衡。

来自渣打银行的数据显示，截至2009年1月，人民币实质有效汇率（REER）同比升值8.6%，自2005年中汇改以来累计升值幅度达17.5%。这大大增强了中国企业在国际市场上的购买力。并且，最近几个月人民币对美元保持稳定，意味着人民币对全球主要商品货币大幅升值。而鉴于各方面因素，未来人民币汇率仍会保持坚挺。渣打预计，2009年仍将是实行强势人民币政策的一年。

曹彤认为，当前亚洲的GDP、国际贸易量都占全球1/3左右，外汇储备占40%以上，对于这个庞大经济体，在国际货币制度中却没有多少发言权，也没有一个货币代表亚洲参与国际货币体系的建设。这对亚洲和全球的货币稳定是非常不利的。所以必须迅速在亚洲地区形成某种货币制度安排，比如以人民币为亚洲支付和储备的主要货币，产生

"亚洲人民币",以"亚洲人民币"代表亚洲参与美、欧、亚三足鼎立的多元化国际货币体系的重建。他指出:"以中国的国际经济地位和政治、文化影响来看,这类方案是基本可行的。"

8. 俄罗斯拟将人民币列入储备货币

2009年11月4日,《俄罗斯龙报》刊文说,美元作为世界上绝大多数国家首选的外汇储备货币之一,是规避风险的金融工具。然而在金融危机的袭击下,美元兑世界各主要货币汇率的剧烈波动,以及投资者对美金的暗淡情绪,让美元的前景令人堪忧。

而于此同时,中俄友好关系的进一步加强,俄罗斯总理普京的访华,中俄一系列大型项目的签订,这一切都使俄罗斯开始把更多的注意力集中到这个日益强大,经济稳定的战略伙伴身上,人民币也成为众多"兴趣"中的焦点。

现如今,俄罗斯十分看好人民币的前景。2009年5月,俄罗斯科学院远东研究所副所长奥斯特洛夫斯基在莫斯科接受新华社记者专访时表示,他看好人民币国际化前景。

奥斯特洛夫斯基说,人民币国际化进程首先将以东亚和亚太地区作为突破口,然后逐步扩展到全世界。他认为,尽管受到国际金融危机影响,但人民币对世界其他主要货币的汇率依然保持稳定,因此,人民币未来有望成为一种国际储备货币。

2009年6月6日,俄罗斯副总理兼财政部长库德林在出席第十三届圣彼得堡国际经济论坛期间,再次肯定了人民币的地位,他表示如果中国能确保人民币可自由兑换,人民币可能会在未来十年内成为新型国际储备货币。

库德林认为，如果中国成为自由市场经济，并保障人民币自由兑换，人民币将会非常受欢迎。他指出，虽然这可能需要十年左右的时间，但"这是建立新型国际储备货币的最快捷径"。

在俄罗斯越来越看好人民币发展前景的前景下，中俄两国之间的金融合作也越来越多。2009年10月13日，在"中俄金融合作论坛"上，货币互换成为焦点。中国人民银行副行长马德伦在论坛上指出，随着双边金融联系的加强和跨境资本流动规模的扩大，需要探寻有关开展双边本币互换、加强两国货币和金融监管合作的合理途径，切实防范金融风险。

马德伦表示，金融危机之后，中俄两国金融界的合作意义更加重大。随着双边金融联系的加强和跨境资本流动规模的扩大，需要两国货币当局和金融监管机构加强信息沟通和监管协调。因此，两国应深入探讨并推动有关扩大贸易和项目融资、互设金融机构、贸易本币结算以及两国证券市场的发展和联系等。

中国银行副行长陈四清也表示，中俄双边贸易的快速发展需要两国金融服务提供支持，双边货币互换能够大大降低交易时间和成本，有效避免金融危机对中俄两国汇率和实体经济造成的影响，降低中俄贸易风险。

他指出，从长期来看，货币互换还可以增加两国货币的流动性，推进多元化国际货币体系建设。而推动两国货币互换的开展将成为加强未来双边经贸关系的重要助推器。

数据显示，近年来，中俄边境贸易发展迅速。2002年，双方边境贸易额为478.03亿美元；而截至2008年底，这一数字已经达到1907.87亿美元。不少人士表示，边境贸易额在未来还将有所增长。

资料显示，2002年，中俄两国央行共同签署《关于边境地区银行间贸易结算协议》，开办了本币结算业务。而2009年7月启动的跨境结算人民币试点业务也包括对俄罗斯的交易。在此基础上，中俄两国将继

续商讨双边人民币互换问题。

在2009年，国际金融危机令俄罗斯对人民币的兴趣增大，拟将人民币列入储备货币。10月22日，据俄罗斯媒体报道，俄罗斯副总理兼财政部长阿列克谢·库德林表示，以美元和欧元为主的外汇储备结构在中期不会发生重大变化，但可能会增加人民币作为新的储备货币。

自金融危机以来，美国的美元政策，对美元的世界性信誉造成了巨大的伤害。美国政府以"印钞机"为赌局，以放任美元贬值的方式，以绑架世界经济为代价，以求达到减缓美国经济衰退的目的，让包括俄罗斯在内的世界各外储大国人人自危、唏嘘不已。

据悉，10月份以来，在国际市场上，美元受到国际大宗商品持续走高，美国经济复苏低于预期的影响，汇率连续走低。于此相对照的是，在整个危机期间，虽然中国的出口业也遭受重大打击，但中国政府坚持人民币不贬值的作法，得到了世界各国的普遍赞许。同时，受国内经济未来发展动力强劲的良好预期影响，人民币在未来数年内将处于增值波段。因此，人民币成为他国可信赖的外储储备货币的基础——汇率稳定、币值坚挺在这场危急中得到了考验。金融专家指出，这也是俄罗斯选择人民币作为储备货币的重要原因。

库德林表示，急切改变外汇储备结构的做法并不现实，因为大规模抛售美国国债会导致其价格大跌。截止到2009年10月中旬，美元在俄罗斯外汇储备中的份额已降至49%，而欧元的份额增至41%，英镑和其它货币占据了剩下的10%。

库德林不排除未来进一步推进外汇储备多元化的可能性。再过几年，国际货币基金组织的特别提款权可能被列入外汇储备；鉴于就国内生产总值而言，中国是世界第二大经济体，人民币的影响力与日俱增，外汇储备结构也许还将加入人民币。

俄罗斯一些主管金融的官员认为卢布成为世界储备货币之势也已初显端倪。欧亚经济共同体国家已决定在双边贸易中弃用美元，使用本国

货币结算。时政部官员解释说，这样能大幅减少货币兑换费用，但对于谁需要中亚国家的那些货币的问题却避而不答。只有哈萨克斯坦的坚戈能有些吸引力。

在这种背景下，人民币的情况看起来更加令人瞩目。西方有人预言，人民币有望成为世界储备货币。俄中经贸合作逐年扩大，俄罗斯副总理亚历山大·茹科夫指出，使用本币结算提高了俄中经贸关系的稳定性。他在第四届俄中经济工商界高峰论坛开幕式上发言时说，危机反映出保持经贸交流稳定的重要意义。使用两国各自的货币结算即是达成上述目标的主要措施。尽管用卢布和人民币取代美元和欧元一事不会一蹴而就，但两国央行正就此事进行谈判。而俄罗斯总理普京在访华期间表示，人民币抵达莫斯科的速度也许比专家设想的要快。

9. 佐利克：人民币有望成储备货币

2009年11月11日，在新加坡进行的一场纪念APEC成立20周年的研讨会上，世行行长佐利克表示，目前美元的储备货币地位依然稳固，但是人民币在10－15年内将更加国际化，并成为可选择的替代储备货币。

佐利克表示，虽然现在来看美元的储备货币地位不会被改变，但是美国政府必须解决不断攀升的财政赤字问题。而随着人民币越来越国际化，其在不远的将来会成为美元的替代货币。

金融危机过后，佐利克很看好人民币的发展前景。2009年9月28日，佐利克在美国约翰斯·霍普金斯大学发表题为"危机之后"的演讲。他表示，作为新兴经济体的典型代表，中国有效应对了这场危机。中国经济快速复苏也让其他国家受益，这增强了中国的影响力。中国正

成为世界经济的一支稳定力量。而再过十年或二十年，人民币将成为金融市场的一支重要力量。

佐利克指出，中国经济在快速发展的同时也面临诸多挑战，"在2010年，中国仍将面临很多不确定性"。他说，中国领导人已经意识到单纯出口导向型经济增长模式的风险，但要使经济增长模式转向扩大内需并非易事。如能实现这一目标，中国不仅能够帮助平衡世界经济发展，也有助于建设"和谐社会"。

佐利克还表示，随着世界经济格局的变化，中国、印度等新兴经济体将增加各自影响力，而美国的经济能量可能降低，美元的地位也受到挑战。他说，有理由相信，未来欧元的接受度将进一步提高，在美元走弱的情况下，世界在未来将会有更多其他储备货币可供选择，其中包括中国的人民币。

对于人民币，佐利克表示，中国正在逐步让人民币国际化，中国和主要贸易伙伴正在实施货币互换，中国开始在海外发行主权债券。他预言人民币将不可避免地走出国门，成为金融市场的一支力量。

佐利克的言论在金融界引起了巨大反响，众多金融专家针对人民币是否能成为储备货币进行了讨论。

对于一个货币的国际化而言，通常认为须经历三个阶段：第一阶段以该货币进行贸易结算，第二阶段以其进行金融交易计价，第三阶段是人民币成为世界储备货币之一。那么人民币在国际化到路上能走多远，能不能最终成为储备货币呢？

中国经济学家、国家信息中心经济预测部发展战略处处长高辉清发表了自己的观点。高辉清认为，人民币国际化刚刚迈出第一步，未来还很漫长，要走到第二步就很难，第三步现在更不用考虑，在可以预计见的未来根本做不到。

高辉清指出，人民币要走到第二步必须在国家金融水平发展到很高的情况下才能达到，我国目前还没有这样的能力。那么目前最重要的是

先踏踏实实走好第一步，因为第一步的道路依然会非常艰难，像欧美发达国家，不管是国家层面还是民众层面，依然会对人民币产生排斥。人民币能够在第一步上走好已非常了不起，因为中国的贸易量非常大，而新兴市场的贸易增量也是最大的，如果能够在这些市场上成为结算货币，就已经大大增加人民币的国际影响力了。

除此之外，高辉清还表示，成为国际货币储备未必会是好事情，需要有良好的金融体系抵御作为储备货币带来的外部冲击。从另一个角度来讲，等到人民币走到第二步第三步的时候，可能已经出现一个地球货币或者世界货币，各个国家也就不用考虑自己国家货币作为储备货币这个问题了，从未来的情况看可能性非常大，而目前美元和欧元市场依然稳固，第三种货币的取代可能性只能是跨越国家主权的货币而非哪国货币。

与世界银行行长佐利克观点相同，量子基金创始人、著名投资大师吉姆·罗杰斯认为人民币在未来有望成为储备货币。

罗杰斯表示，虽然目前仍未有一种货币可取代美元作为外汇储备货币，但是相信未来15—20年人民币将有可能取代美元，而亚洲将成为未来全球投资热点。罗杰斯同时指出商品投资的价值所在，并称经历过经济危机洗礼之后，世界经济将会转向中国所在的亚洲。

罗杰斯说："今年可能是欧元成为储备货币，20年之后可能是人民币。但是它现在是不自由流通的，所以很难说是一个储备货币，但15—20年后，因为它够大，而且它的市场也够大，人口也够多，够稳定，可能会这样。"

罗杰斯表示，美国现在是全球最大的负债经济体系，欠债累计13万亿美元，而且外债正以每12至15个月增加1万亿美元的速度上升，而美国政府不断印钞，令美元汇价持续贬值，美国政府采用贬值振兴经济，在短期内可能有一定的效果，但是长远来说是不行的。

中国全国人大常委、财经委副主任委员吴晓灵认为，扩展人民币金

融市场的广度和深度、加快人民币可兑换的进程、给人民币持有者创造投资渠道，这些措施均有利于人民币成为国际储备货币之一。而中国要脱离"被动地受美元影响"的局面，更需要"做大做强人民币"。

中国外汇管理局副局长王小奕认为，美元作为国际主要储备货币的地位目前尚无可替代，人民币在国际结算中所占比重仍小，应先加强人民币的"周边结算功能"，扩大其国际影响。他并表示，在当前国际金融动荡的形势下，中国外汇体制的改革仍应"走向开放不动摇"。

而吴晓灵预计，二十年后上海将建设成为国际金融中心，届时人民币将成为国际主要储备货币，中国也将由经济大国成长为经济强国。

经济评论家马丁·沃尔夫提出，一个货币要想变成储备货币有一个必要条件，那就是，外国的政府愿意持有你们国家政府发行的债券，这是主要的前提条件。马丁·沃尔夫说，人民币要想成为储备货币，还必须具备另外一个条件，即人民币完全可自由兑换，有一个非常庞大、非常稳健的金融市场或者资本市场。他说："如果人民币要想变成储备货币的话，这些都是必须要有的条件。"

马丁·沃尔夫认为，人民币变成储备货币应该是中国政府追求的方向，但是按照中国目前的金融市场发展的状态来看的话，不太可能在短期内就可以让人民币变成国际储备货币。

10. 蒙代尔：人民币将主导世界货币体系

2009年9月17日，在广州举行的亚太论坛会上，有"欧元之父"之称的诺贝尔经济学奖得主蒙代尔坦言，人民币区域有望取代日元区成为世界上第三大货币区。

蒙代尔认为，欧元短期内很难替代美元，日元也很难替代美元，日本的经济很难跟美国相比。中国经济要赶上美国经济需要相当长的时间，要2030年或者2040年才会赶上。蒙代尔指出，现在人民币也是一个越来越重要的兑换货币，他相信不久人民币区域会更大，将会取代日元成为世界上第三大货币区域。

一直以来，蒙代尔很看好人民币的发展前景。早在2006年9月6日，蒙代尔在首都经贸大学举行了题为《国际货币体系的演进及对中国的相关性》的学术报告。报告称，中国经济发展良好，将在世界货币体系中发挥越来越重要的作用。

蒙代尔指出，中国的经济发展形势非常好，在国际上，人民币越来越重要，已经取代了英镑，成为世界最重要的货币之一。

事实上，近年来，不仅仅蒙代尔看好人民币的发展前景，我国的金融专家也对人民币充满了信心。2007年3月，中国人民银行金融研究所原名誉所长赵海宽研究员在接受《中国产经新闻》记者采访时表示，人民币成为世界货币条件已基本成熟，中国政府应适时加快推进人民币成为世界货币。

赵海宽指出，2006年，中国GDP增长达到10.7%，经济总量已居世界第四，外汇储备已突破1万亿美元；在东南亚金融危机中，中国坚持人民币不贬值的原则，这些都使得人民币在国际上树立了良好的国际形象，有较高的信誉度。

一国货币要成为世界货币，必须具备强大的经济实力，具备良好的信用度，以及具备较先进的银行操作系统。赵海宽指出，中国雄厚的经济实力及良好的经济增长势头为人民币成为世界货币奠定了坚实的经济基础，而人民币在国际上享有良好信誉则为人民币向世界货币跨越创造了条件。

就中国政府对银行业进行的改革来看，近年来中国对国有银行实行了股份制改造，交通银行、中国银行、中国工商银行、中国建设银行都已成功上市，三大国有银行国有股权的市值已上升为21000亿元。此

外，随着中国加入 WTO 承诺银行五年过渡期的结束，中国银行业已全面对外放开，国有银行在与外资银行的竞合中也会得到充分锻炼，业务创新能力和抵御风险的管理水准都将有相应提高。由此，赵海宽认为，银行体系也为人民币成为世界货币提供了可能。

赵海宽指出，人民币成为世界货币条件已基本具备，实现人民币向世界货币的最后一跃就是解决资本项目下自由兑换的问题。他建议，政府尽快实现资本项目下的自由兑换，促使人民币向世界货币的方向上再前进一步，以进一步推进金融业的对外开放。

在 2009 年，随着令全球关注的人民币跨境贸易结算业务的正式展开，金融专家对人民币更是十分看好。众多专家认为，在全球倡导改革国际金融新秩序的序幕中，人民币国际化终于迈出了实质性的一步。而这一步，将为世界货币体系的走向带来新的格局。

全国社会保障基金理事会理事长戴相龙表示，人民币最终将与美元和欧元一样成为国际货币，但新货币体系的建立将花费 10 年甚至更长的时间。戴相龙说，国际货币体系不是会议制度决定的，是经济实力的结果，是金融市场认定的结果。所以说美元的主导地位不会很快削弱，但也会出现货币多元化的趋势。经过十多年或更长时间的努力，可能会形成一个以美元、欧元、人民币以及其他货币组成的国际货币体系。

中国社会科学院金融研究所所长李扬认为，全球经济失衡是导致金融危机的根源，而国际储备货币多元化可从根本上纠正这种失衡，这是世界经济发展的必然方向。李扬认为，由单一的主权货币充当国际储备货币显然已经不再适应全球经济发展的现状，储备货币发展的长期趋势是多元化。

联合国秘书长特别顾问杰弗瑞·萨克斯、美国哥伦比亚大学地球研究所所长说，"一种新型的、全球化的货币框架正在形成。"萨克斯认为，从长远角度看，美元不能够也不应该作为全球唯一的储备货币存在。因为美国已经不再是全球最坚不可摧的经济体，此次金融危机之

后，美元将会走弱，其实在经济危机之前，美元已经在不断走弱。

中国经济季刊出版人葛艺豪认为，在未来5—10年内，人民币的国际化进程显然会获得长足发展；在10—20年这样一个更长的时期内，人民币说不准会成为如日圆一样位居次席的国际储备货币。

前国际货币基金会（IMF）官员、美国康奈尔大学贸易政策教授EswarPrasad表示，中国的经济规模将推动人民币的储备货币地位。他说，如果中国能解决技术方面的问题——货币兑换更为自由，金融市场更具深度，即便在管理法规等制度方面不够到位，实际上也能令人民币成为主要储备货币。

香港金管局总裁任志刚期望人民币能够完全实现自由兑换，并成为区域内美元和欧元外另一主要货币。任志刚表示，人民币存在成为储备货币的可能，这也是中国采取措施推动在国际上更广泛使用人民币的原因之一。

越来越多的金融专家认为，在未来人民币可能会成为世界货币。2009年10月末，在广州南沙举行的第二届中国发展论坛上，蒙代尔再次重申了自己的观点，肯定了人民币的国际地位。他说，人民币将在未来的三十至四十年后主导全球市场。

对人民币走国际化之路，蒙代尔十分看好。他认为，人民币今后可占到特别提款权组合的10%份额。蒙代尔还预计，再过30—40年，当中国的GDP占世界GDP的比重上升到20%时，人民币很有可能主导世界货币体系。

第二章　人民币崛起的国际化机遇

　　导读：区域性货币成为国际货币的最基本要求即是要有强大的实体经济为支撑，更要有一个健康的经济运行模式为保证；百年强盛奠定了美元经济霸主地位，百年强盛也让美元习惯于养尊处优。然而，当今世界并非百年前的世界，"零和游戏"亦非世界经济发展的必然选择。比较而言，世界货币体系更需要一个安全高效的运行模式以及与之相应的实体经济。

1. 美联储为何大规模购入美国国债

　　2009年3月18日，美联储公开市场委员会在第二次例会闭幕后宣布，将在未来六个月内买入总额为3000亿美元的美国长期国债，并将旨在降低抵押贷款利率的贷款项目规模进一步提高至7500亿美元。这标志着美联储开始实施数量宽松的货币政策，正式启动印钞机。

　　美联储3月17至18日召开的此次例会为当时全球金融市场关注的焦点所在。去年12月，美联储已经把联邦基金利率降至0至25个基点的区间，且在可预见的将来，零利率政策将保持不变。因此，利率政策不是此次例会的重点，而货币政策的重心已经转向非传统的数量宽松手段。其中，核心中的核心在于：美联储会否买入长期美国国债？

在政策声明中，美联储给出了非常明确的答案：为改善私人借贷市场的条件，美联储决定在未来六个月内买入总额为3000亿美元的美国长期国债，同时，为了向房地产和房屋抵押信贷市场提供更大的支持，美联储决定增持房利美与房地美发行的房屋抵押证券7500亿美元至1.25亿美元，增持"两房"发行的机构债券1000亿美元至2000亿美元。

显然，为了缓解信贷紧缩，刺激经济复苏，美联储在货币政策上又下了一剂猛药。

2008年12月1日，美联储主席伯南克在一篇公开讲话中首次表示，联储可能考虑通过买入长期国债来继续放松货币政策，以"影响相关债券的收益率，进一步刺激总需求"。自此以后，相关的市场评论和猜测沸沸扬扬，从来没有停止过，到例会前一周，这种预期到了一个新的高潮。

3月16日，根据经济咨询机构MacroeconomicAdvisers所做的一项调查，60%的金融机构认为美联储应该于近期买入长期国债，数目可能高达5000亿美元，期限集中在5年至10年到期的美国国债。该公司副董事长、美联储前任理事梅耶指出："我们相信美联储应该买入长期国债，因为它将对国债利率产生有益的影响。"

什么原因引发美联储下决心直接购入长期国债？所谓"有益的影响"又体现在哪里呢？

首先，长期美国国债利率近期明显升高。截至3月17日，10年期美国国债的利率一度攀升到3.01%，比年初已经提高了80个基点。作为金融产品定价的基准，国债利率特别是长期国债利率的快速上升，无疑会提高银行信贷、企业债券和房地产融资等各项中长期金融工具的融资成本，对深陷衰退泥淖中的美国经济产生不利的影响。

其次，美联储数量宽松政策的效果并不明显。自从2008年9月雷

曼倒闭、金融危机升级以来，美联储采取大量激进、非常规的货币政策工具，向金融市场紧急输出大量流动性。同时，美联储的资产负债表急剧膨胀，在短短5个月中由9240亿美元上升到2008年12月的2.31万亿美元，目前仍保持约1.9万亿的规模左右。重拳之下，美国金融市场渐趋稳定，但各种债券产品与国债间的利差依然远高于历史平均水平，表明风险溢价偏高，信贷紧缩没有根本改观。

在此次例会上，美联储决定继续增持"两房"债券，其目的仍在于降低市场利率，缓解信贷紧缩。为了刺激经济、防止通货紧缩，美联储的新举措可以说是一种釜底抽薪的做法。

2009年3月4日，英格兰银行声明将在二级市场购买中长期英国国债，作为其数量放松政策的一项重要措施。此前，英格兰银行连续大幅降息，但金融市场态度漠然。而此次该行只是声明将启动一项总额750亿英镑的计划，购入包括英国国债在内的各种债券，市场的积极反应出人意料——10年期和30年期国债利率应声而跌，当天分别下降27个和36个基点，并达到20年以来的最低水平。这一举措无疑给与经济衰退艰苦搏斗中的全球央行起到了极大的示范作用。

3月18日，日本央行决定将国债购买额度提高29%，每月购买的数额由1.4万亿日元上升到1.8万亿日元，增幅之大实属罕见。这也表明，全球各主要央行都已经进入或即将进入实施数量宽松的货币政策时代。

最后，但也是最重要的，从2008年—2009年的数月间，中国及其他国外投资者对美国国债的投资呈现新的趋势，即：抛售长期债，购买短期债。根据美国财政部的数据，去年第四季度中国新增的美国国债中，96%是短期国债，而同一比例在第三季度只有43%。仅在2008年11月，中国抛售的长期美国国债就达到920亿美元；日本和其他主要买家的策略也大抵相同。应该讲，这不仅仅是危机中规避风险的一种措施，更是对长期美元走势和美国通胀风险投出的不信任票。在这种情况下，稳定国债市场、特别是长期国债利率，对于提振全球投资者信心、协助美财政政策的顺利执行，无疑有着非常重要的意义。

同时，直接买入长期国债并非是一项包治百病的灵药。相反，它对美联储的货币政策可能具有巨大的负作用。

在货币银行学上，一国央行直接买入政府公债的行为有一个特别的名称，即"债务货币化"。直接买入长期国债，与在二级市场上通过国债回购协议、进行公开市场操作有着本质的区别。为政府债务特别是财政赤字提供融资，不仅将牺牲央行货币政策的独立性，而且过度货币化等同于央行直接开动印钞机，大量增加货币供给，最终会造成严重通货膨胀和本币贬值。这也是无论在任何国家，央行直接买入国债都是货币政策禁区的原因。

但是直接购入长期国债有质的不同，一旦施行，等于做实了外界对美联储"债务货币化"的指责。因为购买国债不可能有折价；而且发行者是美国政府，中央银行对政府的发债行为事实上没有约束力。一旦开了这个口子，财政部可能予取予求，要求美联储为发行更多的长期国债埋单，所谓央行的独立性无从谈起，盯住通胀（inflationtargeting）的货币政策必然会大打折扣。上一次美联储买入长期国债还是在二战时期，为向巨额的战时公债提供融资，美联储被迫向政府妥协。此后，为了恢复货币政策的独立性，美联储一直斗争到1952年才完全摆脱财政部对货币政策的影响。前车之鉴，不可不察。

应该说，对主要的美国国债投资者来讲，美联储买入长期国债在短期之内是一项巨大的利好。在美联储宣布决定至金融市场收市的短短几分钟内，10年期美国国债的利率一度急降47个基点，最后以2.54%报收，交易价格一天之内由97.78猛涨至101.84，涨幅创造了40多年来的新高。所有长期美债的坚定持有者，在2009年2月18日一天内，都会得到极为可观的收益。但是，这种国债牛市可以持久吗？

从技术上讲，不同的央行面临不同的市场，美联储购买国债的政策

效果仍需要实践检验。与英格兰银行或日本央行不同，美联储面临的是世界上最大的国债市场，能否以3000亿美元的资金将长期国债利率维持在低位还是一个很大的问号。因为750亿英镑相当于17%已经发行的长期英国国债（两年期以上）的总额，如果达到相同的效果，美联储至少需要购买4500亿元左右的两年期以上国债。考虑到即将来到的国债发行高潮，3000亿元可能仅仅是开了个头。

更重要的是，长期来看，美国国债资产的价值仍然由市场的供给和需求决定。这种需求不是由美联储货币扩张而人为制造出来的，它必须来自私营部门、家庭和国外投资者的实实在在的投资需求。

从供给方来看，美国国债的总余额目前约为6.6万亿美元，较一年之前的5.3万亿美元激增了约四分之一。这还不包括美国政府已经担保的"两房"债务，美联储和财政部另外担保的贝尔斯登及花旗的不良资产，这些债务合计高达5.6万亿美元。更有甚者，奥巴马雄心勃勃的经济复苏计划必然以联邦政府高昂的财政赤字为支持，这必将导致天量的新增国债发行。根据美国财政部的估计，美国政府2009年和2010年需要新发债务各达2.56万亿美元和1.14万亿美元。到目前为止，财政部估计第一、二季度的国债发行量分别为4930亿和1650亿美元；而由于美国的财政年度由9月开始，奥巴马政府2010年财年的新预算案（其中赤字1.17万亿）还未得到国会批准，可以预见，美国国债的海啸式发行将在下半年特别是第四季度以后实现，而目前已有的发行量可能不过是一个零头。

从需求方来看，2008年9月以后对美国国债的旺盛需求可能不过是暂时现象，因为危机时的避险行为毕竟难以持久。更重要的是，在危机以后，巨大的全球失衡必然走向重新平衡，这也必然意味着各主要经济体的经常项目面临大幅调整。近几个月来，随着美国的贸易赤字达到六年来的新低，中国和日本等主要出口国的贸易顺差已经急剧下降，而这些国家的新增贸易盈余正是美国国债需求的一个极其重要的来源。如果真有一天，来自中国、日本、石油输出国等地的海外需求大幅萎缩，单靠美联储的购买就真的能稳定美国国债市场，把利率压在低位吗？这听起来，是不是有点像抓着自己的头发想飞离地球一样不切实际呢？

因此，对于美国国债的海外投资者，特别是中长期投资者来讲，美联储买入长期国债的消息未必是悦耳的福音。它可能是美国国债大量发行的前奏，也可能是美元贬值的序曲。由此看来，这场大萧条以来最严重的全球经济危机，带给我们的刺痛还在前头。

2. 美元跌跌不休，贬值暗藏玄机

进入21世纪后，为了推动本国经济持续增长，美国通过动用外交和市场手段，暗中推动美元贬值，以解决其国内外一系列难以协调的问题。美元贬值惊扰着全球经济，引起社会各界的广泛关注。2004年12月6日，欧元区12国财政部长发表声明，对欧元兑美元升值势头表示担忧，并呼吁主要国家采取措施，制止外汇市场的过度波动。

针对美元持续贬值的势头，很多专家指出，尽管双赤字一直是美元暴跌的最主要借口，但美元贬值的玄机似乎没有那么简单。持此观点的专家认为，美元贬值主要暗藏以下三种玄机。

第一，美元贬值之于美国经济瞒天过海

专家指出，各方对美国双赤字的强调使美元贬值变得理所当然起来，然而从经济对比这一汇率决定的最根本力量来看，美元的急速贬值是没有道理的。

首先，从经济基本面看，美国经济复苏比之欧盟更具可持续性。2004年11月30日美国商务部公布，美国第三季度的国内生产总值折合成年率增幅为3.9%，高于初步数据显示的3.7%，而11月12日欧盟

统计局公布的欧元区第三季度经济增长年率的初步数据仅为1.9%，低于第二季度的2.0%，欧洲央行12月2日也将2005年欧元区经济增长的预测由原来的1.8%至2.8%向下调整为1.4%至2.4%。此外，美国的制造业已连续18个月增长，非制造业连续20个月增长，经济复苏可持续性在微观层次不断得到确认。因此，从经济基本面对比来看，美国经济的表现远比欧盟抢眼，美元汇率作为经济健康程度的外在表现理应走强。

其次，从利率水平看，美联储比之欧洲央行更为积极。2004年6月30日、8月10日、9月21日和11月10日，格林斯潘四次挥动加息大棒，将美国联邦基金利率即商业银行间隔夜拆借利率由1%提高到2%，同期特里谢表现得无动于衷，始终将欧元区基准利率维持在2%的历史低位。在长期趋势上，美国已经步入加息周期，而欧盟加息的处女秀依旧遥遥无期。因此，从利率水平对比来看，美元汇率在利率提高带来的资本流入支持下理应走强。

再次，从失业水平看，美国虽然乏善可陈，但欧盟更是相形见绌。美国劳工部12月3日公布的报告显示，11月份美国新增就业人数为11.2万人，仅为分析人士预计的一半，市场对此颇有微词。但更值得关注的是美国失业水平出现了下降，11月份美国的失业率为5.4%，低于10月份的5.5%。而12月1日欧盟统计局公布的欧元区10月份的调整后失业率仍为8.9%，与上月持平。欧盟领头羊德国表现更为糟糕，12月2日德国劳工部宣布，11月份调整后失业率升至10.8%，创下自1998年12月以来的最高水平。因此，从失业水平对比来看，美元汇率在失业风险相对较小的情况下理应走强。

最后，就连双赤字其实也不能成为美元走弱的根本理由。因为欧盟本身也存在高赤字问题，这一问题的激化甚至让欧盟成员动了修改《马约》的念头。而且，双赤字本质上就是美国对内对外的负债表现，这从一个角度反而说明了美国经济增长汇集了全世界的资源支持，以美

国经济的强力表现，只要布什政府有消除双赤字的主观愿望，双赤字绝对不是一道不可逾越的经济鸿沟。因此，美元暴跌的双赤字理由并不理直气壮。

简而言之，经济上的强者最终也应该是货币上的强者，然而，现实就是，理应走强的美元一路跌跌不休。在美元公开走弱的背后必然存在着秘密的理由。

第二，美元贬值之于欧盟经济釜底抽薪

美元贬值直接打击了欧盟出口，而在欧盟本身处于自我调整蛰伏期的情况下，对于以出口为经济发展龙头的欧盟来说，这种打击可能是致命的。

欧盟自东扩以来，经济结构参差不齐的诟病更显突出，欧盟统计局2004年12月3日发表的一份统计报告显示，欧盟25个成员国之间人均国内生产总值相差悬殊，欧盟候选国与现有成员国的差距更是巨大。在外部油价高企和内部结构调整的双重压力之下，欧盟经济复苏显得步履沉重。此时，外贸对于出口导向型的欧盟而言尤为重要，而美元贬值带来的欧元相对坚挺恶化了欧盟贸易条件，降低了欧盟出口能力，使得欧盟经济增长丧失了重要动力。而且，更重要的是，欧盟内部稳定也由于外在打击而变得不容乐观起来。在整体状况不佳的背景下，部分成员出于对自身利益的追求背离区域同盟的盟约，单边奉行赤字财政政策，严重削弱了欧盟内部的政策协调，给欧盟经济的长期走势蒙上阴影。

从主观反应上看，欧盟起初对于美元贬值过于掉以轻心，盲目满足于欧元坚挺的货币形象收益。直到2004年11月8日，特里谢才转而认为欧元变化趋势是"无理的"以及"令人讨厌的"。欧盟对美元贬值意图的较晚察觉使其错失先手，以至于在G20峰会上，尽管欧盟大肆攻击美国的汇率政策，但会议根本未对美元贬值亮出红灯。因此，美元走弱之于欧盟经济的釜底抽薪由于欧盟自身的反应迟钝已经初见成效，欧盟近期经济数据的拙劣表现就是较好的佐证。

第三，美元贬值之于中国经济声东击西

美元贬值诚然对中国人民币升值构成了巨大压力，但对于中国来说，货币贬值带来出口增长，实际上美元走弱是有一定实际收益的。如果美国明知道中国会在游资窥伺下以静制动保持汇率稳定，那么美国就借助人民币钉住汇率制间接地打击了欧盟经济。

美元贬值的一大目的是对人民币施压，敦促人民币升值，这是毋庸置疑的。但值得注意的是，中国不可能由于外部压力的增加而改变汇率政策，这一点美国是心知肚明的，因为任何一个理性的政策制定者都不可能在市场投机氛围浓厚的情况下轻举妄动。但借助于各方媒体对美元升值压迫人民币的鼓吹，美国可以在麻痹欧盟的情况下对其进行间接打击，欧盟领导人对美元贬值反应迟钝就是这一战略的成功点。

欧盟是中国最大的贸易伙伴，在盯住美元的固定汇率制下，美元贬值意味着人民币贬值，欧盟对中国的出口贸易受到了负面影响。欧盟在经济增长乏力情况下受到人民币贬值冲击，必然会对人民币汇率颇有微词，这无疑增加了对人民币升值施压的国际砝码。而且，中欧贸易润滑度也将受此影响而大幅下降，反倾销等贸易摩擦很可能激化于中欧之间，这将减弱欧盟同中国的经济联系，降低欧盟共享中国经济增长阳光的可能。

3. 美国用"汇率武器"逼人民币升值

关于人民币汇率的国际争论一直喋喋不休，人民币升值的外部压力又主要来自美国。自2003年以来，美国有关方面和人士就不断对中国施压，要求中国改变人民币对美元的汇率。

2003年9月，美国财政部长斯诺公开批评中国"人民币被钉住"

的汇率制度，要求中国实行弹性汇率制度。此后他又在多个双边和多边场合重申这一观点。美联储主席格林斯潘在2004年3月的一次公开演讲中指出："（中国中央银行）连续大规模地购买美元与中国内部经济平衡的目标不相协调"，也暗示中国应该停止这一做法，以便让外汇市场上的供求力量促进人民币升值。美国一些国会议员同样表现出对人民币汇率的"特别关注"。

在2005年4月上旬，美国参议院通过了一份提案，要求中国政府在6个月内允许人民币升值，否则，会对中国出口美国的商品征收惩罚性关税。

美国认为，中国政府人为地把人民币汇率跟美元直接挂钩，使得中国出口商品在价格上得到了15%到40%的优势，也就是平均27.5%的优势。以此为依据，该项名为《舒默修正案》的提案规定，如果中国在6个月内不采取行动调高人民币兑换美元的汇率，美国将对进口的中国产品征收27.5%的关税。

与此同时，美众议院又附和参议院，提出了《中国货币法案》。该法案指出，外国政府低估中国货币，构成违禁出口补贴，属"操纵汇率"。

美国参众两院的逻辑是，中国的汇率政策人为地提高美国对华出口产品的价格，降低中国对美出口产品的价格，进而扩大了美国对华贸易的逆差，增加了美国的失业，对美国经济造成了伤害。在这些议员看来，只要人民币对美元升值了，中美之间的贸易问题甚至美国国内所面临的各类经济矛盾，就会得到圆满解决。

实际上，这些年来，稳定的人民币汇率对美国金融市场起到了积极作用，在中国的外汇储备资产中，基本上都是美元资产，尤其是持有大量的美国政府债券。而一旦人民币升值，大量的投机资本流出，中国外汇储备减少；中国外汇储备的减少，无疑会减少对美国政府债券的需求，美国政府债券市场利率就会下降，这无疑会对美国金融市场造成

冲击。

并且，中国为了维持人民币汇率的稳定而持有大量的美元资产，为美国提供了巨额的铸币税。美元的储备货币铸币税意味着，美国不需要付出任何劳动，就可以无偿地占用中国的资源和产品。

既然如此，美国为何一再逼迫人民币升值呢？金融专家认为，美国各方面如此一致地要求人民币升值，主要原因有四：

首先，这是美国在其经常项目赤字迅速扩大的背景下，希望人民币升值成为美元贬值政策的一个组成部分。在美国看来，中国是对其拥有巨额货物贸易顺差的国家，2003年对美货物贸易有1250亿美元顺差（中方统计是590亿美元）；近两年欧元、日元、加元、澳元、英镑等都对美元有较大幅度的升值，而人民币与美元汇率未多大改变，并且在美联储广义汇率指数中人民币有近10％的权数。因此，美国希望人民币对美元升值帮助减少其经常项目赤字。

其次，美国一些决策者认为人民币被钉住的汇率制度，对其它一些亚洲国家和地区实行类似制度，或在外汇市场上大量购买美元阻止本币升值，有重要影响。这些国家和地区包括中国香港和台湾、韩国、新加坡、泰国、印尼、马来西亚、菲律宾甚至印度和日本。它们都对美国有贸易顺差，并且视中国为出口市场上的竞争对手，不愿意在中国人民币对美元升值之前，实现本国货币对美元升值，否则会在国际市场上损害自身出口产品相对于中国产品的竞争力。因此，在美国看来，人民币升值还能带动其它亚洲国家货币升值，从而在更大程度上帮助美国改善其经常项目收支状况。

另外，美国一些人认为，近两年中国经济正处于快速增长过程中，中国政府致力于实施宏观调控、消除经济过热，此时向中国施压，或"晓以利害"，将比较容易达到其实现人民币对美元升值的目标。美国认为，人民银行为维持人民币对美元的固定汇率，在外汇市场上大量购进美元，扩大了基础货币投放，不利于中国灵活运用利率、货币供应量

等货币政策手段，控制信贷的增长和抑制经济过热。许多投机性资本因人民币低估及预期的升值而源源不断流入，也对银行信贷扩张和房地产价格过快上升有刺激作用。而与人民币升值相伴的进口增加和出口减少，则有助于增加中国的总供给，减少中国的总需求，符合中国抑制经济过热的需要。

同时，美国还有一些决策者认为，中国正在借低估币值，步日本和亚洲"四小龙"的后尘，走出口导向型增长之路；美国在过去曾成功地逼迫"四小龙"将货币升值，也希望能够运用"汇率武器"逼迫人民币升值。

事实上，回顾二战以来的国际货币体系演变，我们会发现美国经常性地利用"汇率武器"迫使其他国家调整其本币对美元的汇率，以转嫁美国进行经济调整的成本。当美国的经常账户逆差处于不可持续状态的时候，美国可以有三种调整的办法：一是劝说或迫使其他国家调整宏观政策；二是放任美元贬值；三是调整美国国内政策。对于美国政府来说，第一种政策是上策，第二种政策是中策，第三种政策的成本最高。由于全球资本流动日益自由化，而且国际货币体系呈现出中心－外围的格局，大国的宏观经济可以很容易地传导到外围的小国，并迫使小国被动地调整其经济政策。这就是美国能够迫使其他国家就范的基础。

总结历史经验，对于美国的这一"汇率武器"，我国必须高度警惕，沉着应对。首先需要明确的是，中国并非国际收支失衡的根源，美国的经常账户逆差以及美元贬值才是导致世界经济不稳定的根本原因。人民币升值无助于美国经常账户逆差的实质性改善。认为人民币低估对美国的出口带来损害甚至引起美国的失业人口增加更是无稽之谈。中国的出口结构和美国的出口结构几乎完全不同，双方的贸易只存在互补关系，不存在竞争关系。即使人民币升值，其他国家的同类产品将更多出口美国，美国对中国的贸易逆差将部分转化为对其他国家和地区的逆差，仍然挽救不了美国严重的经常账户赤字问题。

其次，改变全球国际收支失衡需要国际间加强协调和合作。各国应该承担平等而合理的责任。美国应该首当其冲承担主要的责任，并通过减少财政赤字，增加国内储蓄等国内政策调整逐渐减少其经常账户逆差；欧洲应该加速结构性改革；日本应该更多地刺激内需，以便让经济增长主要依靠内需而非出口；中国和其他东亚国家应该反思其出口导向的发展战略，并适当地调整汇率制度和汇率水平。中国要做一个负责任的大国，但同时也要注意轻易答应承担汇率调整责任的风险：一是这种替人背黑锅的办法，有了一次就会有第二次，很可能会越来越政治化；二是这会带来国内的反弹，国内利益集团也会要求政府实行扩张性的宏观政策以缓解升值带来的压力，两者都会影响到政府对宏观调控做出自主、客观的决策。

第三，在政策目标的取舍方面，要强调维护国内货币政策的自主性，绝不能让货币政策成为汇率政策的附庸。在一国经济崛起过程中要防止某些大国经常地指手画脚，这就需要适时向外界给出坚决维护国内货币政策自主性的明确信号，同时通过加强国际间的政策协调缓解国际压力。一般情况下不宜牺牲国内货币政策保汇率政策。

4. 美元贬值，人民币升值幅度加大

当美元跌跌不休时，人民币加速了升值的步伐。自从2005年7月人民币汇率形成机制改革以来，截止到2008年初，人民币对美元累计升值12%，其中2006年升值3.35%，2007年以来升值速度明显加快，全年达6.9%。

2007年11月25日，人民币对美元中间价一举突破7.40关口，报于7.3992。对外经济贸易大学金融学院副院长丁志杰表示，人民币汇

率升破 7.40 关口，说明人民币升值步伐在加快，未来应从完善汇率形成机制出发，实现人民币汇率向均衡水平调整。

在人民币小幅升值步伐加快的同时，波动幅度与弹性正日趋加强。央行货币政策分析小组的统计显示，在 2007 年前三季度，银行间外汇市场共有 182 个交易日，其中人民币汇率有 108 个交易日升值、74 个交易日贬值。人民币对美元汇率中间价有 36 个交易日单日升值超过 0.1%，最大单日升值 310 个基点，超过了 2007 年 5 月 21 日前日浮动区间 0.3% 的水平；有 14 个交易日单日贬值幅度超过 0.1%，最大单日贬值 209 个基点。

到了 2008 年，人民币仍然呈上升趋势，在 3 月 25 日，人民币对美元中间价报 1 美元兑人民币 7.0436 元。人民币对美元汇率正在向 "7" 整数关口步步紧逼。从 3 月 13 日以来的 9 个交易日中，有 6 个交易日人民币对美元汇率创下新高。

3 月 26 日，渣打银行发布最新报告，该银行的中国研究部主管王志浩在报告中指出，渣打银行将 2008 年人民币对美元的升值预期由 9% 上调至 15%，到 2008 年年末人民币兑美元汇率将升为 6.35（此前预测值为 6.64）；2009 年年度升值预期预测维持 7% 不变，上调第一、二季度升值预期，到 2009 年末，预计人民币对美元汇率为 5.90。分析人士指出，这一报告标志着主流机构对人民币走势观点开始大幅调升。

在 2008 年，人民币升值势头强劲。6 月 17 日，人民币对美元汇率中间价升破 6.9，以 6.8919 再度创下汇改以来新高。至此，2008 年以来人民币对美元汇率已先后 44 次创出新高，年内累计升幅接近 6%。

7 月 15 日，人民币对美元汇率中间价报 6.8230，再度创出汇改以来新高。这也是进入 2008 年以来，在国际经济利空因素下，人民币被动升值，对美元汇率创出的第 55 个新高。

针对人民币的强劲升值势头，有关经济专家指出，当前的人民币主要是受美元加速贬值的拖累而被动升值，实属无奈之举。"美元最近比

较弱，导致人民币被动升值，不是因为人民币自身的问题。"天治基金公司策略研究员张晓君说。

中国银行市场研究员石磊认为，人民币对美元汇率中间价出现一定程度上与原油期货价格挂钩的走势。受此影响，人民币对美元加速升值可能成为未来2至3个月的主题，但这一趋势可能被短暂的平台区间所打断，人民币汇率的弹性将明显增强。而人民币对美元快速升值的趋势可能在第四季度结束。

相关数据也显示，尽管人民币对美元升值速度在加快，并创下2008年以来的第55个新高，但市场预期人民币一年内升值幅度仅为6.4%，远远低于年初的水平。这一预期表明，人民币对美元升值的压力和动力已经明显降低。

就人民币不断升值的问题，专家指出，一国在经济发展的过程中，必然会遇到升值的压力，汇率调整是自然而然的事。人民币升值一方面是平衡国际收支的需要，另一方面也是重新调整国内经济资源结构配置的契机。只要正确处理好汇率波动和宏观经济发展之间的关系，人民币升值对经济增长并不构成威胁。对于被动升值的情况，要积极主动地进行双边或多边磋商，加强国际经济和金融政策的协调，使问题得以妥善解决。

此外，专家指出，在美元不断贬值、人民币升值之际，国际金融市场不稳定因素增多，大量从美国流出的国际资本倾向于将包括中国在内的新兴市场作为"避风港"，这对希望通过加息来降低内部流动性的新兴经济体构成极大压力。我国是发展中国家中最大的资本流入国，并且这种格局在我国经济稳定快速增长的背景下会长期保持。从我国目前情况看，投资增长过快、信贷投放过多和流动性过剩等矛盾迫使央行渐次加息，中美利差已从2007年年初的2.46个百分点发展到2008年初基准利率倒挂0.64个百分点，这可能成为"热钱"继续涌入中国的"催化剂"。

国际资本大量涌入，不仅会加剧我国金融市场流动性过剩的状况，催生金融市场和房地产泡沫，也将加剧我国国际收支失衡，继续推高人民币汇率。为了应对这一局面，专家提出建议，首先我国应慎重开放资本账户，阻止国际金融市场风险的渗透和影响。其次，充分认识市场预期对稳定资产价格的作用，坚决抑制国际"热钱"针对人民币汇率的投机活动。

专家指出，在金融市场上，资产价格依赖于对其未来价值的预期。所以任何导致市场预期波动的因素都会立即对金融市场以及主要宏观金融变量（例如利率和汇率）产生影响。现阶段，在宏观基本面保持基本稳定的环境中，人民币汇率走势更多受制于市场因素的变动。在各种货币政策工具操作空间有限和难度不断加大的情况下，国内流动性管理有可能依赖于汇率调整的倾向强化人民币升值预期，这种预期在国际"热钱"的利用和助推下，会形成市场追逐的明确目标。人民币汇率在市场升值预期推动下脱离管理层调控区间而被动走高，一旦国际投机资金达到收益预期，我国"严进宽出"的外汇管理政策又为资本流出提供了畅通的渠道。鉴于此，建立人民币汇率稳定的预期，使市场相信国家捍卫汇率政策的自主性和稳定性的决心，对于维护我国金融市场和人民币汇率的稳定十分重要。

5. 粮食价涨，美元贬值惹的祸

纵观历史，全球曾发生过好几次粮食危机，但是如2007年一般的全球性价格上涨，却极为少见。2007年12月，芝加哥小麦、玉米和大豆月均期货价格分别达到每吨336.9美元、166.8美元和423.1美元。

伴随着粮食危机的是美元大幅贬值。自2002年以来，美元已经贬值超过30%，2007年，美国次级房贷危机爆发后，又进一步加速了美元贬值。

而在世界主要农产品出口国中，除了美国外，欧元、澳元、巴西雷亚尔等货币都非常坚挺，这在一定程度上促使了以美元结算的农产品价格上升。除了农产品以外，2007年国际所有大宗商品市场几乎都出现全面上涨情形。生物燃料的发展，更是打通了石油和粮食之间的价格通道。

"目前的供应缺口，并不足以支撑如此高的价位。"东方艾格分析师马文峰说，"根据历史经验，每逢美元贬值的周期出现，粮食一定会涨价，并且一些国际机构也会发布一些导向性的数据，来促使粮食涨幅高于美元贬值幅度，以促进农业增加生产。"

例如，2007年12月，芝加哥统计机构发布消息说，预计2008年小麦播种面积可能增加，在这个消息的影响下，芝加哥小麦期货从历史高位小幅下滑。但随即美国农业部更正了芝加哥统计机构发布的消息，称冬小麦播种面积远远低于分析师的估计，随即小麦期货又重新上扬。

由此可以看出，粮食的价格在一定程度上受导向性数据的影响。而粮食价格大幅度上涨，受益最大的是大量出口粮食的美国。据官方统计数字显示，2007年，美国农场纯利润达到870亿美元，比10年前上涨了50%。但是与此同时，美国农业部的报告称，美国自己的小麦库存也将在2008年降到60年来的最低点。

"重要的原因在于商业炒作。"南京财经大学粮食经济研究所教授李全根说，世界粮食缺口并不如人们想象中那么大，世界粮食贸易量已经多年来稳定在2.5亿吨左右的水平，人口增长速度也相对稳定，而这一轮的粮食上涨周期呈现从期货到现货、各大粮食品种交替领涨的情况，显然与各路资本炒作有关。

与粮食相比，有色金属等粮食品种的需求稳定，价格也相对低廉，因此颇受投机者青睐。罗杰斯、巴菲特等相继宣布，大量买入小麦、玉

米、大豆、棉花等农产品期货合约。在2007年11月到2008年1月的三个月时间里，芝加哥大豆投机持仓由6万张左右，增加到超过7.5万张。

而在我国，根据统计局同时公布的数据，2007年全国粮食再获丰收，全年粮食总产量达到50150万吨，比2006年增产350万吨，增长0.7%，成为历史上第4个高产年，这是1985年以来我国粮食生产首次实现连续4年增产。

粮食大丰收，供需平衡，而粮价却反其道而行，出现大幅上涨。根据价格由供求决定的原理，价格的大幅上涨必然是供求两方面的因素决定的。供应方面，2007年粮食大丰收，说明供应比往年还更加充足，问题显然不是出在供应方面。

从需求方面来说，造成需求增长的原因一般这样几个因素：一是全国人民在粮食消费方面大增，以至于粮食消耗量暴涨。二是用于酿酒和用来炼制乙醇汽油的玉米数量增长过快。三是，国际市场上对中国粮食需求增加，粮食出口暴增。四是国际粮价上涨，倒逼国内粮价上涨。

综观这几方面的原因，我国并没有存在这样的情况。2007年粮食的需求并没有发生戏剧性的变化。这就使我们很难根据粮食的基本供求面来解释粮价的突然上涨，更无法相信粮价上涨是CPI上涨的元凶之一的说法。

为了弄清楚粮价上涨的真正原因，一些专家推出了这样的逻辑链条：货币发行增加，通货膨胀，于是对所有商品的需求都在增长，其中包括对粮食的需求的增长，整体CPI暴涨，粮食也随着CPI涨，这个逻辑链条比其他的解释更加有说服力，粮食价格的上涨更可能的是通货膨胀的结果，而不是原因。

国际粮价也出现了大幅度上涨，是不是国际粮价带动中国粮价上涨呢？但国际粮价上涨也和中国是一样的故事，供需层面并没有发生什么大的幅动，国际粮价上涨的真正原因就是：美元贬值。尽管食品价格持

续上涨，但因为以持续贬值的美元标价，因此实际涨幅有限。联合国粮农组织也在一篇报告中认为，美元贬值是主要原因，这也解释了为什么价格持续上涨却难以遏制需求。另一方面，美元贬值令美国出产的粮食价格相对便宜，因此抬高对美国产品的需求，继而推高市场整体价格。

因此，国际粮价上涨实际上也是美元贬值惹的祸。人民币对美元升值幅度较小，是一种与美元准挂钩的货币制度，而这种制度的直接结果是：引入了通货膨胀。

美元贬值造成石油、粮食涨价，引发全球性通货膨胀和经济衰退，引起了各国的关注和研究，许多经济专家就美元贬值的原因进行了探讨。

多数专家认为，以下因素是引起美元贬值的动因：

一是美国次贷危机后，经济增速减弱，出现衰退的征兆。美国为挽救经济衰退，用美元贬值的办法，增加出口，减少进口，从而减少对外贸逆差（进口大于出口）和财政赤字，以此刺激经济复苏。众所周知，美国多年来一直为外贸逆差和财政赤字所困扰。这次美国政府为摆脱这两个困扰，首选了美元贬值的举措。

二是美国是世界头号经济强国，美元也随之成为世界金融霸主。美国通过美元贬值，趁机从中可多印发美钞，他印的是纸币，购买的是全世界的资源，造成美元在市场上的流动性过剩，引发各国物价上涨，出现全球性通货膨胀。这实质上是美国向外转嫁经济危机的过程。

三是美国多年财政赤字很高，据统计，截止今年4月末，美国财政赤字已达1659亿美元，又创新高，是世界上最大的债务国。亚洲等新兴经济体，如中国及台湾、香港地区、日本、南韩等国家和地区多属出口导向型经济，外汇储备量大，外汇币种又多以美元为主，有的直接购买了美国的国债，如中国目前外汇储备已高达1.72万亿美元，其中30%左右购买了美国的国债。据美国财政部网站日前公布的数据显示，到今年4月末，我国持有的美国国债余额已达5020亿美元，首次站上

了5000亿美元的关口。

美国通过力推美元贬值，可趁机向外转移危机，变相掠夺别国的财富，如上述国家持有的美国国债，随着美元贬值，也跟着大量缩水和无形蒸发，中国也为此蒙受了损失。

四是美元贬值后，造成以美元为固定联系汇率的国家的货币升值，如中国人民币随着美元的贬值，加快了升值步伐，引发很多国际游资和"热钱"涌入中国、俄罗斯、越南等一些国家，目前造成越南等国股市暴跌、物价上涨，出现金融危机的兆头。

由此可见，美元贬值是美国的一个阴谋，也是促使粮食危机爆发的一个导火素。要避免掉入美国设计的陷阱中，一要大力加强金融监管，谨防"热钱"大量涌入中国而兴风作浪。二要加强宏观经济调控，控制物价，呵护股市，谨防经济危机。三要抓紧减少我国外汇储备的数量，改变外汇储备的币种结构，减少持有美国国债的数量，谨防美元贬值对我国外储资源的掠夺，最大限度减少美元贬值后对我国经济造成的冲击和损失。

6. 增加黄金储备应对美元贬值

伴随着美元的持续贬值，我国外汇储备的"含金量"不断下降，为了让储备资产保值增值，一些专家建议，我国应择机增加一定数量的黄金储备。

大多数金融专家认为，当美国为了拯救本国经济而孤注一掷地"滥印美元"导致美元加速贬值的时候，黄金储备的资产安全性价值再一次鲜明地体现了出来。

黄金，历来是财富的象征，在美元成为主导国际货币体系的超强货币之前的数百年内，世界上大多数国家都以黄金储备作为国家经济实力的体现，甚至可以直接用于贸易，使它有了相当于货币的功能。黄金储备在稳定国民经济、抑制通货膨胀、提高国际资信等方面有着特殊作用。

然而，长期以来，我国对美元储备十分重视，并积极投身于购买美国债券，而忽视了必要的黄金储备，以至在此次以美元贬值为主要特征的金融危机中措手不及。中国的黄金储备长期徘徊在低水平状态，在2001年和2003年，只有394吨和600吨，后来虽然通过调整突破了1000吨，但在外汇储备中的比例仍然只有不到2%的水平。

而与之形成鲜明对照的是，在我们忽视黄金储备的这些年中，美国的黄金储备却一直在增加。截至2008年3月，美国的黄金储备达到8133吨，在当时全球29872.7吨黄金储备中，占比高达27.2%，占其外汇储备的比例更是高达80%。而中国即使经过调整，在国际上的黄金储备国中虽然号称排名第五，但与其2万亿美元的外汇储备相比，比例仍然过低。这种外汇储备上过度地倚重单一货币的局面，使中国面对危机缺少回旋余地，甚至明知美元正处于下降通道，仍不得不增持美国国债，期望以此来减缓外汇资产进一步缩水的威胁。但面对金融危机深不见底的前景，这种路径选择的危险性是不言而喻的。很显然，中国的黄金储备要加快速度。

据统计，黄金在我国外汇储备中仅占1.3%，西方发达国家的平均水平则高达50%－60%。基于此，一些金融专家纷纷呼吁增加黄金储备，以实现外汇储备的多样化，同时减缓外汇储备增加的压力。北京黄金经济发展研究中心刘山恩建议，我国应提高黄金储备数量，将黄金占外汇储备的比重由1.3%提高到3%－5%，并实现黄金储备管理的法制化。

金融专家指出，由于市场对美国经济前景以及美元贬值的担忧，美元充当基础货币的地位受到严重挑战，而欧元等其他货币尚无法担此重

任，这导致了国际货币体系中基础货币的不确定性增强。在这种情况下，黄金的价值重新凸现出来，我国适当增加黄金储备不失为明智之举。

随着黄金的价值重新凸现，黄金的价格大幅上升。2008年一开始，黄金价格持续上涨。现货金价曾在一月份突破900美元水平，创下每盎司913美元历史新高。在2月份，更是一路飙升，突破每盎司1000美元大关。

黄金价格大幅上涨的最主要原因是美元贬值。由于国际市场上黄金交易以美元计价，美元大幅贬值直接推动了黄金价格走高；另外，美元贬值加重了投资者对通货膨胀压力加大的担忧，从而增强了黄金作为避险保值工具的吸引力。

2008年12月4日至5日，在第三届中国黄金与贵金属峰会上，英国黄金矿业服务公司执行主席菲利浦先生表示，经济衰退致使全球纷纷出手救市。三大主流货币的利率还会继续下调至最低点甚至接近零，相信低利率会持续到2009年底。在2009年，美元的贬值将会重新开始，如果美国持续采取过度宽松的货币政策并发行货币，美元的贬值时间还将更长。

菲利浦指出，黄金未来的中国因素正变得越来越重要。中国2008年的黄金产量已经达到300吨，超过南非成为全球第一大产金国。菲利浦认为，作为最大的产金国，中国应进行大幅度调整，提高黄金储备的数量。

当越来越多的金融专家呼吁中国提高黄金储备时，我国做出了相应的回应。2009年3月22日，香港大公报报道，中国工信部副部长苗圩在福建省厦门市召开的全国黄金工作会议上表示，2009年黄金行业的主要工作目标是黄金产量达到290吨；新增黄金储量800吨。此外，政府还将鼓励黄金企业并购，黄金行业前10名企业的产量和效益占到全行业的50%以上。

苗圩表示，近年来黄金工业发展取得了"量"的增长和"质"的提高。2003年至2008年期间，黄金产量年均增长7.6%，利润年均增长41%。2008年产量亦达到282吨，利润124亿元，均创下历史最好水平。同时，金矿地质勘探取得较大进展，年均新增黄金资源储量700吨左右，黄金行业连续多年实现勘探新增储量大于生产消耗储量。

不过，虽然中国已成为产金大国，但还不是黄金强国。从综合实力来看，无论与内地其他行业还是国外的大型矿业公司相比，中国黄金企业还存在很大差距。苗圩指出，为了对冲美元贬值，2009年我国对黄金行业的工作重点是会同有关部门尽快出台《黄金工业发展专项规划》（2009——2015年）和《黄金工业产业发展政策》，研究鼓励企业兼并重组的政策措施，加强产业发展的规划和引导，提高行业整体竞争力。

7. 金融危机中的人民币国际化机遇

2008年爆发的国际金融危机令世界各国清醒地认识到，全球化已推动各国经济、金融相互的依存度越来越高，以单一美元为国际货币结算及储备的缺陷越来越大。在反思危机产生根源的同时，各国都提出了加强国际间监管及扩大国际货币种类的各种意见，可谓危中见机。

在这场金融危机中，中国不可避免地受到一定程度上的影响，然而，有金融专家指出，这场金融危机对中国而言也潜在着一定的机遇。"对中国来说，看到危机，更要看到机会。"中国国务院金融研究所副所长巴曙松称，美国通过大量的货币发行进行次贷危机的救援，为未来美元泛滥留下了隐患，也增大了中国推进人民币国际化的迫切性。

众多金融专家认为，中国要实现大国向强国的转变，必须解决贸易大国与金融小国的矛盾，这需要依托于金融的崛起，而金融崛起则要求

拥有国际化的货币环境。目前在国际金融危机下各国综合实力此消彼长的较量中，从整体上看，人民币国际化机遇大于挑战。并且，这次危机也不同程度地创造了人民币成为完全可流通和国际储备货币所需要的基础性条件。

金融危机爆发后，各国对以美元为核心的金融体系多种弊端进行了深刻的反思，鉴于这种单极国际货币体系的利己性、缺乏约束制衡机制、权利义务不对称等内在缺陷，各国在不断比较与衡量打破美元惯性的收益和成本，当打破现有货币体系的收益大于成本成为一种持续预期，美元将无法再维持最主要国际货币地位。世界贸易呈现出的多元化开放格局，以及世界金融储备体系和世界贸易结算体系的变化趋势，促使全球货币体系必将作根本性调整。

当然，世界经济格局短期内很难因一次危机而彻底改变，短期内美元仍将在国际货币体系中处于主导地位，国际货币体系在未来一段时期有可能出现欧元和美元争夺主导权，日元和人民币伺机出击的局面。但最终能否出现多强鼎立的局面，仍将取决于博弈各方的力量消长，但从单极到多元国际货币体系改革是必然发展趋势。

从单极向多极的国际货币体系改革，核心要义在于，全面提升欧元、英镑、人民币和日元等货币地位。人民币虽然不是国际储备货币，但中国拥有日益增强的综合国力和美国最大的债权，具有不容忽视的力量。在重建国际货币体系中，中国一方面要积极参与国际货币体系改革进程，整合新兴经济体和广大发展中国家的力量，争取更多的话语权；另一方面，应该积极创造有利条件，加快推动人民币的国际化步伐，成为多元国际货币体系之重要一元。

支撑一国货币地位的是该国的经济实力和综合国力。改革开放以来，中国逐步发展成为国际贸易大国。2007年，中国对外贸易占世界贸易的比重提升到7.7%，并保持世界第三位的排名。贸易发展既对人民币国际化提出迫切需求，也成为推进人民币国际化的重要现实力量。

金融危机对中国对外贸易不可避免形成负面影响，但就贸易结构来看，中国出口主要集中在劳动密集型产品及中低价产品，收入弹性相对较小，在经济不景气和居民收入下降时对这些商品的需求可能不降反升。同时，中国通过采取上调部分行业产品出口退税率、改善对外贸易环境等系列措施，部分缓解了国际经济形势变化对中国进出口影响。因此，金融危机之下的中国对外贸易，面临严峻挑战的同时也不乏有利因素。此外，危机倒逼中国贸易结构升级，提高产品竞争力和科技含量，这将增强贸易支付的选择权和货币影响力，有利于人民币国际化进程的推进。

并且，在实现人民币国际化的进程中，我国政府一直在不懈地努力着。2009年4月8日，国务院常务会议决定，将在上海市和广东省广州、深圳、珠海、东莞等5城市开展跨境贸易人民币结算试点。分析人士认为，此举将成为人民币国际化征程的关键一步，并为今后人民币国际化的推进奠定重要基础。

长期研究人民币国际化问题的中国社科院金融所研究员曹红辉说："一般来说，一国货币的国际化要经历从结算货币到投资货币、再到储备货币三个步骤。如今，通过开展跨境贸易人民币结算试点，可以减少周边国家对美元结算的依赖性，从而为将来人民币在区域内扮演投资和储备货币职能打下基础。而此前我国央行与韩国、中国香港、马来西亚、白俄罗斯、印尼和阿根廷等国家和地区签订了6500亿元人民币规模的货币互换协议，增加了人民币的国际使用量以及覆盖面，为今后人民币跨境结算提供了资金支持。"

对于跨境结算，有媒体评论说，此举是人民币国际化的第一步。路透社援引中国政府网的消息称，在当前应对国际金融危机的形势下，开展跨境贸易人民币结算，对于推动中国与周边国家和地区经贸关系发展、规避汇率风险、改善贸易条件、保持对外贸易稳定增长，具有十分重要的意义。

2009年4月9日，美国彭博社报道说，在中国与阿根廷、印尼、韩国和马来西亚等签订货币互换协议之后，中国就一直在寻求人民币的国际化。报道援引荷兰国际集团驻新加坡经济学家蒂姆·康登的话说："这是向中国资本结算自由化以及人民币国际化迈出的第一步。"

不过，专家也指出，人民币国际化虽然已提上日程，但前路漫漫，至少有几个门槛要迈过。首先是要实现人民币自由兑换。其次，人民币要成为国际货币体系中的重要一元，需要一个具有足够广度和深度的金融市场尤其是资本市场作支撑。最后，最重要的是不断增强国力。中金公司首席经济学家哈继铭说，一个强大的货币背后必须要有强大的和高效率的经济做后盾，经济的大起大落一定会使得币值随之大起大落，因此经济的稳定增长也是人民币国际化的一个重要先决条件。

而就中国现实情况来看，金融专家认为，目前人民币成为国际货币的条件还不成熟，但成为区域性货币还是比较现实的。人民币应首先成为区域性货币，然后再成为国际货币。

"中国国内现在问题也不少，有许多人主张人民币走出去，去美国抄底，成为国际货币，我不太赞同这种观点。我们要在先处理好国内问题的基础上，借这次金融危机之机，使得人民币成为区域性货币，我想这是比较现实的，也是中国的经济能够承受的。"社科院财政与经济贸易研究所研究员温桂芳在接受记者采访时说。

温桂芳指出，健全的金融体系和发达的金融市场是一国货币国际化的必备条件。就中国金融体系和金融市场的发展情况来看，中国离建成高度开放和发达的金融市场和金融中心尚有很大距离。

第三章　危机当前，人民币何去何从

导读：当美元贬值加热了CPI，热钱的涌入吹大了资本气球，巨额数字围绕汇率生生灭灭，世界眼巴巴地看着中国的时候，人民币如何找回自己？诚然，人民币不会劫掠世界，但人民币会为世界撑起一片"多赢"的天空吗？

1. 谨防美元贬值影响中国经济

自从中国加入WTO后，由于中美之间贸易关系密切，美元贬值无疑会对中国经济产生重要影响，进而影响到中国经济安全。

2008年，温家宝总理在两会记者会上，表露了对美元不断贬值和美国经济走势的深深忧虑。作为一个大国总理，对另一个大国的经济形势表示担忧，在一定程度上这是可以理解的。中国和美国目前分别是世界上第二大和第一大经济体，两国又分别是对方的第一第二大贸易伙伴，经济上呼吸相通，彼此牵挂。正是因为如此，美元贬值不仅仅是美国的事情，它实际上已经影响到中国经济安全，使中国宏观调控和经济发展具有许多不确定性。

美元贬值首先对中国货币政策调控宏观经济带来了新的困难。美元

贬值导致世界资本加速向中国流动。除非中国政府采取更加自由的汇率政策，允许人民币兑美元的汇率大幅度升值，否则，中国政府便需要不断地投放人民币来购买美元以缓解市场压力。而不断增加人民币投放，则意味着中国政府失去了通过紧缩银根来冷却过热的国民经济政策选择。这一点正是多年来中国政府的宏观调控政策难以奏效的一个重要原因。

一方面，中央银行采取一系列措施缓解国内面临的通货膨胀压力：2003年6月起，中国货币政策显示出央行对国内通货膨胀压力加大的担忧。央行多次调高存贷款利率，并且不断提高商业银行存款准备金率，紧缩银根，控制信贷过快增长，抑制流动性过剩。另一方面，为了缓解人民币升值压力，央行不得不从外汇市场大量买入外汇储备，而大量外汇储备买入直接导致了外汇占款增加从而引起国内通货膨胀。从维持人民币汇率稳定角度出发，央行不得不大量购入外汇，导致外汇占款相应增加，从而导致货币规模急剧增长。如果从减小通胀压力角度出发，央行采取紧缩性货币政策，但紧缩性货币政策会造成市场利率提升，从而拉大了人民币与外币的利差，人民币升值压力进一步加大。

对一个国家而言，独立的货币政策、固定汇率和资本自由流动，三者不能同时存在。即在货币政策独立、汇率稳定和完全的资本流动这三个目标一国不可能同时实现，必须得放弃其中的一个。由于长期以来中国实行的是有管理的浮动汇率制，所以，在目前资本不完全流动前提下，要维系宏观经济的内外均衡，货币政策与汇率机制之间必然存在一些难以调和的冲突。

如果允许人民币随美元贬值，那么进口价格上涨和国外对其出口需求的上升，可能导致通胀加剧，从而要求政府对经济施行力度更大的行政调控手段，这与宏观目标背道而驰。但如果允许人民币兑美元升值，那么1.455万亿美元外汇储备将立即面临损失。美元贬值对中国巨大的外汇储备造成了直接损失。

其次，美元贬值加大了中国通货膨胀的压力。通胀压力上升是2007年中国宏观经济最重要的特征事实之一。自2007年5月CPI指数突破3%以来，6、7、8月的CPI指数连创新高，分别达到4.4%、5.6%和6.5%。11月CPI指数同比上涨6.9%，再创新高。

美元汇率下降所导致的全球能源价格和初级产品价格上升，对中国通货膨胀形成外部推动压力的渠道是，进口能源价格和初级产品价格上涨首先造成原材料燃料动力购进价格指数上涨，其次造成工业品出厂价格指数上涨，最终导致居民消费价格指数上涨。

据统计，在中国的19大类出口商品中，有7大类始终保持逆差，其中5类主要是资源类产品。美元下滑和国际能源及初级产品价格上涨，本应导致中国面临的输入型通货膨胀压力逐渐加大。然而中国目前的现状是，由于国内对能源和初级产品价格存在不同程度的管制，导致进口能源和初级产品价格上涨，并未相应转化为原材料燃料动力购进价格指数的上涨。例如，在中国2007年1月至9月贸易逆差最大的几类产品中，原油、铁矿砂及其精矿、未锻造的铜及铜材、铜矿砂及其精矿分别位居第一、第三、第四和第七位。不过从2006年下半年以来，中国燃料动力类价格指数以及有色金属类价格指数一直处于下降趋势中，而黑色金属材料类价格指数也仅仅是缓慢上涨。

此外，由于中国制造业存在较为普遍的产能过剩，竞争相对激烈，导致进口能源和初级产品价格的上涨。从2006年中起，中国的消费者物价指数和工业品出厂价格指数就存在反向运动趋势：CPI不断上升，而PPI不断下降。这种负相关首先意味着CPI的上升并非由工业品价格上升所导致，其次意味着大量依赖进口能源和初级产品的制造业企业不能把新增成本转嫁给购买者，盈利空间不断被压缩。

专家指出，从各种价格指数的走势来看，第一，CPI在2008年上半年之前仍将处于较高水平，到2008年夏季将因为食品价格的回落而下降；第二，随着国内能源和初级产品定价机制的逐渐市场化，原材料燃料动力购进价格指数将会逐渐上升，其上升趋势视放开价格的幅度而定；第三，随着企业对过剩产能的消化，以及制造业企业产业整合的开展，未来的PPI指数将与原材料燃料动力购进价格指数发生联动，短期内PPI指数可能呈现出缓慢爬升趋势。

美元贬值除了对中国宏观调控加大难度和致使通货膨胀压力加大外，还使中国的对外贸易摩擦增多。

从2001年到2007年的近6年间，美元对欧元、加拿大元、澳元等货币的贬值幅度高达40%以上，与英镑的汇率也贬值近35%。美元对世界主要货币的贬值对中国经济结构和中国的对外经济关系产生了巨大的影响。自从2005年7月中国实行人民币汇率机制的改革以来，人民币对美元升值的累积幅度已经达到10.6%。但是，由于美元对世界其他主要货币大幅度贬值，而人民币的汇率又主要是采取盯住美元的政策，所以相对于欧元、英镑等主要货币而言，人民币则出现了大幅度的贬值。两年多来，人民币对欧元和英镑分别贬值了8.2%和5.1%。这对于中国和其第二大贸易伙伴欧盟之间的贸易不平衡无疑是雪上加霜。这种状况不仅仅加大了人民币升值压力，也不利于中国调整自身经济结构。

由于中国仍然处于实现工业化的经济发展阶段，对国际市场的能源和重要原材料的进口依存度非常高。国际商品价格上涨在推动中国国内的通货膨胀的形成方面，正在起着不可忽视的作用。不仅如此，中国为了进口与过去同等数量的能源和原材料，现在需要出口更多的商品。经济学家们将这种现象称之为贸易条件恶化。贸易条件的恶化意味着中国对外贸易的福利正在受到因美元不断持续贬值的损害。所有这些都归结为美元贬值造成了中国经济发展的困境。

为了应对美元贬值带来的经济困境，我国政府部门被迫采取价格管制政策，对石油、成品油和粮食等价格进行行政管制。与此同时，对中石油和中石化等企业进行"补贴"。这种政策补贴虽然暂时控制了通胀

的传导，但其负面效益也越来越明显，其直接损失就是继续维持了中国的廉价商品出口，造成国民福利的大量流失，实际上是我们补贴全世界并为全世界特别是为美国转嫁金融风险埋单；价格管制的间接损失就是延缓了价格体系市场化改革的进程，延缓了我国社会主义市场经济体系的建立。

2. 如何规避人民币升值压力

伴随着美元的持续贬值，人民币的升值压力也越来越大，尤其是2005年以来，美国明显加大了对人民币升值的压力，甚至一些保守势力还扬言，除非人民币升值并规定升值的时间表，否则将对中国进行制裁。

一时间，美国要求人民币升值成为人们关注的焦点，而人民币是否应该升值也成为专家们讨论的焦点。北京大学经济研究中心主任林毅夫认为，长期而言，人民币应该升值，但短期就不是这样。首先是汇率管理体制，对发展中国家而言，有管理的浮动汇率更加有利。

林毅夫认为，人民币升值面临的是投机压力。这个投机的压力一方面是政治的，一个方面是国际炒家的。政治压力完全是无中生有。

他指出，比如日本，现在经济还没有恢复，就在国际上找替罪羊，认为人民币汇率低估，中国出口强劲，造成了世界的通货紧缩，日本的通缩就是中国造成的。"这完全不符合事实。因为中国在国际贸易中所占比例原来不到10%，现在高一点。这么小的比率，即使人民币真的低估了，也不可能造成世界的通货紧缩。"

美国也跟着日本认为人民币低估，造成美国大量的贸易赤字，造成美国的经济萧条、大量失业。"这也不符合事实。一是中国出口到美国的产品占美国GDP只有1%，这1%都白送它也不会造成大量失业；二是劳动密集型产品美国已不具备比较优势，再也不会生产了，如果人民币真升值对它也没有帮助。"如果人民币升值，美国要么从其他国家进口，要么继续从中国进口，因为价格肯定更贵，所以外贸赤字就会更大。

林毅夫认为，因为中国经济这些年经济快速增长，而日本和美国的基本经济表现都不好，中国就最容易成为一个替罪羊。

同时，人民币升值的压力，也来自一些以赚取暴利为目的的国际炒家。林毅夫认为这些国际热钱一直在世界各地兴风作浪。他指出，1997年之前是流到东亚经济，他们要求金融自由化，所以可以炒亚洲汇率；而后亚洲泡沫破掉了，造成了金融危机，热钱就跑到美国，又把互联网泡沫炒高了；互联网泡沫破了，他们就需要找下一个出口。可是，国际上美国经济、日本经济、欧洲经济，一直都很疲软，所以中国就成为国际热钱炒作的目标。

林毅夫说，中国成为国际炒家的目标，也是因为日本、美国对中国的政治压力。国际炒家的经验是，以前的东亚各个经济体，只要美国对其施加压力，他们最后就会按美国压力行事。按照这种经验，炒家就肯定炒人民币。

林认为，"只要政治压力消失，炒家就不会有很大积极性了"。原因是炒中国汇率与炒其他国家汇率不一样，中国基本上资本账户没有开放。这种状况导致炒人民币的交易费用非常高。

面对扑面而来的要求人民币升值热潮，金融专家认为我国必须根据国内外经济和政治形势的变化，自主决定本国汇率政策，不屈从外来压力，同时要努力推进汇率制度的改革。

专家认为，坚持实行以市场供求为基础的、单一的、有管理的浮动汇率制度。这是在中国目前经济发展阶段与金融监管水平和企业承受能力相适应的。保持人民币汇率基本稳定，是发展的需要、改革的需要、

社会稳定的需要，有利于中国经济的正常运行，有利于减少对外贸易的汇率风险，有利于宏观调控、改革开放和结构调整的顺利进行。

在保持人民币汇率基本稳定的同时，我们也要积极推进汇率制度改革，有序和有步骤地实行汇率机制的改革。我国经常项目已经完全开放，资本项目开放已经超过了75%。随着金融改革的深入和发展，资本市场将进一步扩大，但是资本市场仍需要严格控制，创造条件，逐渐放松。建立和完善预警系统风险，发挥好最后贷款人的作用，防范金融动荡和危机。同时，还要加强支付和清算体系建设，为防范和化解金融风险，保持金融体系的稳定提供良好的技术环境；建立银行、企业和个人的信用体系，为金融业稳定创造良好的社会信用基础，以及进一步完善金融信息的报告披露制度；加强金融监督机构、央行与被监管银行之间的信息交流，做到信息共享，防止因信息缺失而造成市场混乱。

对于一部分人在人民币升值问题上对中国施加的压力，2006年11月，欧盟贸易代表曼德尔森给出了他的建议：让人民币盯住一揽子货币，而不是光盯美元。他认为，盯住一揽子货币有助消除外界对于中国操纵汇率的误解。

"这样可以发出一个信号：中国并没有在操纵汇率以为出口创造有利条件，"他说，"并且也可以帮助打消外界的恐惧以及对中国出口增长的埋怨。"

对于曼德尔森为何提出上述主张，专家认为，可能主要基于两点考虑：一是美元本身的波动性较大，如果人民币选择盯住美元，那就意味着世界两大经济火车头是按照一个汇率方向波动，这样会进一步放大汇率的波动。

其次，这种提法本身也是希望欧元能在人民币汇率形成过程中起到更大作用。截止到2006年，中国现已有约1万亿美元的外汇储备，如果是用欧元作为盯住的货币之一，那么欧元本身作为硬通货的国际地位将得到重大提升。

此外，中国金融专家王召认为，通过财政政策、汇率政策和货币政策的使用，为人民币升值设置防火墙，既可起到缓解人民币升值压力的作用，也不造成国内经济出现过热。

他指出，在财政政策方面，针对升值问题首先进行税收结构调整。其次，提高房地产等高利润、高风险行业的所得税率。

在汇率政策方面，渐进开放资本项目，实行走出去战略。他认为，人民币升值压力除了来源于经常项目盈余之外，也来源于巨额资本流入。因此，中国需要考虑实行本国资本走出去战略。

在货币政策方面，考虑降低存款利率或者提高贷款利率。他指出，除了财政政策和汇率政策之外，我们还可以借助货币政策为人民币升值减压。

在2007年11月，对外经贸大学教授丁志杰指出，在缓解人民币升值预期压力方面可采取新思路和新措施。他建议，可以在一个较短时期内让人民币汇率进行迅速调整，从而改变小幅稳步升值带来的预期不断强化局面；在人民币汇率形成机制方面，应该让市场因素发挥更大作用；此外，要进一步加快资本项目开放。在缓解经常项目顺差方面，要改变贸易结构，这需要产业政策的配合。国内产业政策应该以发展高新技术、服务产业为主，取消过去的外贸优惠政策。

2008年4月，中国金融专家刘骏民在《第一财经日报》发表评论说，缓解人民币升值压力的根本途径就是在外汇市场上提供足够多的人民币及其资产。只要外汇市场上有足够的人民币供给，人民币升值压力就一定会降下来，其困难程度可能远远小于目前状况下对国内流动性膨胀的控制。

他指出，国内流动性膨胀，CPI走高。与此同时，人民币汇率的升值压力却越来越大。目前我国宏观政策目标主要是调节国内CPI，防止经济过热，对人民币升值压力则缺乏有效措施。实际上，境内流动性膨胀和境外人民币升值压力持续加大是同一原因造成的，在政策调整上也

不宜分开采取措施,一定可以用同一个办法同时缓解。

他说,鼓励人民币及人民币资产输出,将迅速解决人民币升值压力不断加大的困境,实现人民币的自由兑换。人民币有了国际接口之后,境内流动性膨胀的问题才能得到根本缓解。流动性持续膨胀的根源消除了,短期抑制流动性的政策才可以对CPI起主要作用。这时流动性受到控制不会主要以信贷紧缩、经济受到压抑为代价。因为我国目前正处在产业结构升级时期,汽车、装备制造业、造船、太阳能、新兴材料等等正在迅速成长,它们是自主产权大幅度增加的希望。信贷紧缩将会影响到这些产业的发展。如果我们不是从根本上消除流动性膨胀,而是从抑制国内信贷来解决问题,不但不会对人民币升值压力有任何帮助,还可能对新兴产业形成抑制,延缓中国迈向经济大国的进程。

人民币升值压力对我国来说,既是机遇又是挑战。要从战略、全局和实现我国长期目标的高度来看待当前错综复杂的世界金融形势。应当变压力为加快推进改革的动力,为我国进一步加快改革开放的步伐提供更广阔的空间。

3. 人民币升值的利与弊

2008年以来,人民币升值步伐明显加快。第一季度人民币的累计升值幅度更是高达4.06%,不仅刷新了2007年四季度刚刚创下的季升幅2.77%的记录,也是1994年中国外汇市场建立以来,人民币升值幅度最大的一个季度。按照汇改时8.11的汇率计算,汇改以来人民币累计升值幅度已达到13.67%。

人民币升值最重要的原因是美元疲弱。由于美国次贷危机影响扩大,美国一些金融机构遭到重创,引发全球金融市场大幅震荡,美联储为此几次降息，导致市场抛售美元，美元指数连续下跌。美元的贬值造成欧元、澳元、日元等货币汇率上升，人民币也大幅升值。

对于人民币持续升值，一些研究人员认为对中国有利。升值有利于缓解通胀压力。2008年渣打银行的报告认为，人民币需要更大幅度的对美元升值，以降低中国进口原油、大豆、铁矿石等原材料以及玉米、小麦等粮食价格的成本，缓解输入型通胀的压力。人民币升值也有利于缓解中国对美国贸易顺差过大的问题，同时，降低进口消费品的价格，对改善百姓生活有利。

与此相反，有些专家认为，如果人民币升值过快，又不能通过消费和投资的增长来抵补因本币升值所降低的经济增长出口拉动的话，我国经济将会面临增速急剧下降的"硬着陆"风险。

那么，人民币升值对我国到底是有利还是有弊呢？客观地讲，人民币升值是我国特殊的现实环境与外在因素共同作用的结果。明确这一点，对于人民币升值的利弊之争应该是大有益处的。

从实质上看，人民币升值显然是中国改革开放取得成功以及国家经济实力不断提升的结果。改革开放20多年来，中国经济逐步走向世界，全面参与国际竞争，一方面贸易顺差逐年增长，"创汇"已不算难事；另一方面，利用外商直接投资实际金额仍在高位趋涨，各地引进外资已不再是"多多亦善"。因此，持续大额的贸易顺差以及规模庞大的外资引进，致使外汇储备不断增大，外汇供给不仅不再短缺，而且似乎已经供过于求，人民币升值正是本国外汇市场供求关系不断变化的结果。

事实上，在我国，由于人民币在资本项目下尚不能自由兑换，且本国外汇市场仍不能完全对外开放，因此，中国外汇市场的供求状况是人为扭曲的结果。其中，尤为突出的表现是：当贸易顺差与资本顺差源源不断地流入中国时，外汇流差不多只有经常项目一条路可走，关键的资本项目却有严格的行政审批把住关口，因此，为了承接不断流入的外汇，稳定人民币汇率，中央银行唯一能做的就是不断买入国内市场

"过多"的外汇，由于外汇占款剧增，人民币投放被迫增大。这样，一方面导致外汇储备不断增加，管理成本及风险加大；而另一方面却形成了本币"流动性过剩"，热钱浪涌，从而催生经济过热及资产价格泡沫化。由此可见，人民币升值是我国现行外汇管理体制"倒逼"的结果。

金融专家认为，人民币升值对我国来说，既有有利影响，也存在不利影响。针对人民币适度升值的有利影响，金融专家总结出以下几点：

第一，有利于继续推进汇率制度乃至金融体系的改革。2005年7月21日，中国人民银行宣布实行以市场供求为基础、参考一揽子货币进行调解、有管理的浮动汇率制度。更具灵活性，与改革的方向是一致的。

第二，有利于解决对外贸易的不平衡问题。由于实行单一的盯住美元的汇率制度，使中国产品始终保持着"廉价"的优势。在多数国内企业可以承受的幅度内，人民币适度、小幅升值，表明中国不惜牺牲自身利益为贸易伙伴着想，从而在一定程度上缓解国际收支不平衡的矛盾。

第三，有利于降低进口商品价格，也可以降低以进口原材料为主的出口企业的生产成本。升值可以降低部分进口商品的国内价格，惠及国内消费者。同时，由于很多出口企业实际是"两头在外"企业，出口产品的原材料多来自国外，人民币升值后，企业进口同样美元单位的货物可以少支付人民币，实际上是降低了生产的成本。

第四，有利于降低中国公民出境旅游的成本，促使更多的国民走出国门。近年来，走出国门看世界的同胞越来越多。国人出国有一个习惯，就是把商品价格折算成人民币看看值不值。而人民币适度升值，则意味着我们手里的钱将更值钱。

第五，有利于促使国内企业努力提高产品的竞争能力。我国的企业长期以低价格占领国际市场的做法，实际是自相杀价竞争的结果，减少了自己的收益，让外国进口商渔翁得利。升值后如提价，可能失去市

场；不提价，可能增加亏损。因此，只能提高生产率和科技含量，降低成本，提高质量，增强竞争力。

第六，有利于减少国外资金对国内的购房需求，减少房地产泡沫。升值抬高了外资在中国大陆的购房成本。如果外来的需求减少，无疑会缓解所谓供不应求的局面，给虚火发烧的国内房地产市场降温，对降低房价产生正面效应。

人民币过快升值的不利影响主要表现在以下几方面：

第一，影响金融市场的稳定。人们币升值是当前最热的话题，大量境外短期投机资金就会乘机而入，大肆炒作。在中国金融市场发育还很不健全的情况下，这很容易引发金融货币危机。另外，人民币升值会使以美元衡量的银行现有不良资产的实际金额进一步上升，不利于整个银行业的改革和负债结构调整。

第二，对我国出口企业特别是劳动密集型企业造成冲击。在国际市场上，我国产品尤其是劳动密集型产品的出口价格远低于别国同类产品价格。究其原因，一是我国劳动力价格低廉，二是由于激烈的国内竞争，使得出口企业不惜血本，竞相采用低价销售的策略。人民币一旦升值，为维持同样的人民币价格底线，用外币衡量的我国出口产品价格将有所提高，这会削弱其价格竞争力；而要使出口产品的外币价格不变，则势必挤压出口企业的利润空间，这不能不对出口企业特别是劳动密集型企业造成冲击。

第三，不利于我国引进境外直接投资。我国是世界上引进境外直接投资最多的国家，目前外资企业在我国工业、农业、服务业等各个领域发挥着日益明显的作用，对促进技术进步、增加劳动就业、扩大出口，从而对促进整个国民经济的发展产生着不可忽视的影响。人民币升值后，虽然对已在中国投资的外商不会产生实质性影响，但是对即将前来中国投资的外商会产生不利影响，因为这会使他们的投资成本上升。在这种情况下，他们可能会将投资转向其他发展中国家。

第四，加大国内就业压力。人民币升值对出口企业和境外直接投资的影响，最终将体现在就业上。因为我国出口产品中大部分是劳动密集型产品，出口受阻必然会加大就业压力；外资企业则是提供新增就业岗位最多的部门之一，外资增长放缓，会使国内就业形势更为严峻。

第五，巨额外汇储备将面临缩水的威胁。充足的外汇储备是我国经济实力不断增强、对外开放水平日益提高的重要标志，也是我们促进国内经济发展、参与对外经济活动的有力保证。然而，一旦人民币升值，巨额外汇储备便面临缩水的威胁。假如人民币兑美元等主要可兑换货币升值10%，则我国的外汇储备便缩水10%。这是我们不得不面对的严峻问题。

其实，人民币过快升值并非只对中国带来负面影响。金融专家认为，在国际间经济往来及依赖程度越来越高的情况下，有利和不利的影响都是双向的，一方的动荡也会引发另一方的不稳定。因此，如果国内企业、行业的出口因升值而减少，很难保证我们的贸易伙伴会毫发无损。升值压力过大的直接后果就是，欧美很多国家的许多百姓难以享用物美价廉的中国产品。无论是转而使用本国产品，还是使用其他国家的替代品，都可能导致本国物价水平上升，居民消费支出增加，实际生活水平下降。

在人民币升值利弊兼具的情况下，我国政府应把握好进度和尺度，并从容、冷静、沉着应对，兼顾现实和未来。

首先，应该遵循温家宝总理提出的"主动性、可控性和渐进性"三原则。考虑外界的态度，但不屈从外部的压力。一是坚持原则，明确我方的主体和主导地位；二是善于沟通和斗争，有理有利有节，让对方明白一损俱损的道理；三是坚持小幅、稳步地推进，把幅度控制在多数国内企业短期可以承受的范围内。

其次，不要急于调整出口退税政策。不能一方面升值，另一方面减少退税，双管齐下，企业难以承受。升值是面对外部压力适当妥协的结果，而退税政策完全可以由我们自己掌控。

第三，以应对升值压力为契机，调整我们的出口结构乃至产业结构。那些低附加值的特别是以严重消耗资源和破坏环境为代价的出口商品，我们可以逐步放弃。

总之，在对待人民币升值问题上，我国应该吸取"日元被逼升值"的历史教训，以国家利益为重，切不可盲目悲观，更不能盲目乐观，要正确评估人民币升值的利弊，理性思考、科学决策、沉着应对。

4. 用理性货币政策削减热钱预期

热钱，这个在20世纪90年代于东南亚金融危机翻云覆雨的词汇，如今正被越来越多中国经济界人士所论及，被视为悬在2008年中国经济头顶上的"达摩克利斯"之剑。

2008年4月，广东省社会科学院重点课题组《境外资金在国内异常流动研究》组长、经济学教授黎友焕博士在接受新闻媒体专访时表示，境外热钱的流进流出对我国货币政策、汇率政策形成巨大干扰，对金融体制造成很大挑战。我国政府应正视境外热钱的存在，完善有关法律法规，提高热钱进出的成本。

黎友焕说，由于热钱流入量无法统计，进入的渠道五花八门，而政府有关部门在制定金融政策时往往没有考虑热钱。因此，这样一股政策视野之外的力量，在政策体制内的搅动往往直接导致政策失灵。

随着热钱的持续流入，民众的焦虑也与日俱增，担心热钱抄底中国资产，担心热钱在经济临界点时回流摧毁中国经济。因此，关于如何防堵热钱成为人们关注的公共话题。

针对热钱的防范问题，2008年6月，中国人民银行副行长、国家

外汇管理局局长胡晓炼发表了自己的观点。胡晓炼指出,当前我国防范国际短期投机资本的冲击、保持国家经济金融安全面临更大的挑战。为了更好地实施国家宏观调控,须采取措施,加强跨境资本流动管理。

在对待境外热钱方面,我国外管局采取了严防死守的理性货币政策。2008年3月底,中外资银行短期外债余额已分别调整至2006年度核定指标30%和60%的基础上,同年6月份,外管局再度要求外资银行的短期外债限额较3月底下降约15%,对中资银行的削减额度为5%。在内地上调香港人民币存款手续费的基础上,为控制香港居民人民币资金"北上",外管局向深圳各家银行下达通知,要求各家银行统计境外居民账上的人民币存款,对金额超过人民币5万元的境外居民账户进行汇总。

不仅如此,在后来,外管局又专门出台了"报送非居民人民币账户数据"的有关规定,拟对境外个人和机构在境内银行的人民币存款和结算账户按月进行统计,开始将包括港澳人民币存款、人民币贷款提款账户、QFII人民币账户等八类非居民账户纳入监管。虚假贸易等管理死角同样受到重视。

从这些措施中不难看出外管局对热钱的重视程度,有专家指出,这些举措在国际游资增加与经济不确定因素增加的背景下是适宜的。不过,专家指出,如果不从赢得人民币与美元脱钩、获得独立地位这一战略高度认识防堵热钱问题,不认识到国内货币政策以高收益源源不断地吸引热钱逐利而来的严重性,围堵热钱注定事倍功半。

究其根本,人民币升值的原因在于货币价格与其他货币发生偏差。人民币失去了度量的准星。该问题若无妥善解决之道,人民币就永远无法摆脱热钱的升值预期。解决问题的唯一办法是校准准星,使人民币与中国经济发展相匹配成为强势货币。与美元挂钩的人民币在一定程度上是美元的影子货币,从挂钩的那天起就失去了独立地位。因此,人民币升值与利率等政策仰美元鼻息而行。在中国经济体量越来越大的今天,

这样的货币政策是不合时宜的,就像常用的比喻,一只蚊子可以轻松叮在大象身上,但你无法想象一头牛能如此效仿。这就是港币可以与美元实行联系汇率制,而人民币无法维系这一制度的逻辑所在。随着中国经济体量增大,人民币升值是大势所趋。

虽然2005年调整汇率政策,但人民币升值并非出于中国本意,而带有半强迫性质。美元的连续贬值、大宗商品价格的持续上涨,摆出了逼迫人民币升值的架势,说明人民币币值的自主权不在自己手中。2007年下半年以来热钱流入量的增加,与人民币升值幅度的增加刚好对应,而2007年开始的通胀攀升曲线,也从侧面勾勒出人民币在加快升值。

人民币之所以在目前不能自由兑换,源于中国经济体质较为虚弱。贸然行动,难免遭受国际资本的攻击,重演索罗斯大战英格兰央行一幕,成为转型尚未成功的中国经济不能承受之重。

为此,我国在严防热钱之时,更急迫的任务是加强内部资源的优化配置,以增强对热钱的抵御能力,是为抵御外部压力的良方。但当前的货币政策却反其道而行,央行就像贻误矫正汇率的时机一样贻误加息之机,宁可以提升存款准备金率冻结中下游企业资金的办法收紧流动性,而不愿加息放松信贷给予市场正确的激励。

热钱因此可以获得双重收益:一是存在银行中获得人民币升值与利差的双重收益,约为每年12%到14%,超过一般投资所得;二是在资金紧缩的情况下投资中国优秀的实体企业,可以低价得好货,收益在20%以上。如此厚利,自然吸引热钱以各种方式滚滚而来。设防热钱效果,被国内人造的价格低水位打了大折扣。

严防热钱必须釜底抽薪。如果有关方面不能改革一手抽水一手引水的作法,可以断定,热钱还会源源而来,直到人民币不具备投机价值为止。

5. 中国货币政策"稳健"仍是主基调

为避免出现通货紧缩，促使经济尽早复苏，欧美、日本等主要经济体的中央银行在下调政策利率接近零的情况下，进一步采取了以量化宽松为特点的非常规货币政策，而我国也采取了适度宽松的货币政策，加大信贷支持经济发展力度。全球性宽松货币政策会发生什么变化，资本市场流动性如何演变成为人们关心的焦点问题。

翻看2009年以来中国央行的货币政策大事记可以发现，事实上央行并没有在传统货币政策工具上面有过多放松举动，基准利率和存款准备金率都没有降低，公开市场操作的节奏也只是略有放缓。如果说执行宽松政策，中国央行的唯一举动就是对商业银行的信贷款狂潮采取了鼓励和放任的态度。

虽然无法找到信贷资金进入股市的直接证据，但绝大多数分析人士都默认信贷高速增长是2009年股指大幅反弹的重要推动因素。这种局面只是问题的表象，背后反映的是一系列有关货币政策的质疑和讨论，比如宽松货币政策有没有真正作用于实体经济，如此宽松的货币政策是否还算"适度"，后续政策能否继续宽松等等。

中央在2008年末确定的2009年全年信贷调控目标是5万亿元以上，而2009年前4个月的银行信贷投放量达到5.17万亿元，已经基本达到调控预期目标。巨额的信贷投放让分析人士大跌眼镜，谁也不会想到"适度宽松"的概念还可以这样阐释，随之而来的是对宽松尺度的质疑。

北京大学教授周其仁撰文指出，自1992年有了季度统计数据以来，中国广义货币（M2）的增长总比GDP的增长要快，最少快出了3.5个

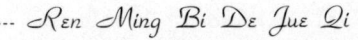

百分点（2005年一季度和2007年二季度），最多则要快出24.7个百分点（1994年三季度）。纯粹以现象分类，2009年一季度M2快于GDP增长达19.3个百分点，在总共68个季度里位居第六名。他认为，目前25%以上的货币增长不应该再被视作适度宽松的货币政策，事实已经属于非常宽松的货币政策，即使不可避免，也不宜继续冠以"适度"之名，否则会放松应有的警觉。

从2009年公布的一季度货币政策报告和4月份金融运行数据我们可以了解到，央行对目前货币政策的基本认识是，在国际金融危机的特殊环境下，我国货币信贷适度较快增长利大于弊，是适度宽松货币政策有效传导的体现，有利于稳定金融市场，提振市场信心，促进经济平稳较快发展。中长期贷款的增长有利于扩内需保增长政策的落实，满足项目建设信贷资金需求。随着投资项目陆续启动，为投资项目配套的中长期贷款相应增加，金融对经济发展的支持作用得到有力体现。

适度宽松的货币政策是中国应对国际金融危机带来影响的重要着力点，经过将近半年的努力，经济已经出现了明显的复苏迹象，越来越多的人倾向认为中国经济将会呈现"V"形反转走势。中国经济之所以能够以如此快的速度复苏，执行适度宽松货币政策所带来的流动性保障功不可没，这应该是货币政策最为正面的影响。

央行副行长易纲认为，货币信贷快速增长的有利影响包括多个方面：一是基本打掉了通货紧缩预期；二是有利于稳定资产市场，近期股指涨幅较大，房地产市场上价量齐升，出现回稳迹象；三是加速了企业存货周期的调整，如果企业尽快结束去库存化行为，使存货进入正常状态，将有利于恢复生产；四是增强了公众对于中国经济保持平稳较快增长的信心。

在承认货币政策正面作用的同时，也有分析人士关注信贷增长的可持续性和负面影响问题。中央银行对此问题也并不避讳，2009年一季度货币政策报告称，3月份贷款猛增一定程度上也受到商业银行季末考

核等因素影响，有"冲时点"的成分。而4月份新增贷款为5918亿元，环比回落较大，这也印证了信贷增长将放缓的观点。

央行指出，下一阶段还将坚定不移地落实稳健的货币政策，保持政策的连续性和稳定性，在引导信贷结构优化的基础上，采取灵活、有力的措施加大金融支持经济发展的力度，保证货币信贷总量满足经济发展的需要。报告还特别在信贷增长专栏中指出，下一阶段如果国际金融危机继续深化，则信贷仍需要一定力度的增长。

中金公司首席经济学家哈继铭认为，经济好转迹象使得近期出台新的额外刺激政策的必要性降低，但决策者考虑到经济反弹的基础未必稳固，也不大可能立即出台针对信贷和流动性的力度较大的调控措施，因此短期内将进入政策"真空期"，即既不出台额外刺激，也不会大力调控，而是以观察数据为主。

摩根士丹利大中华区首席经济学家王庆也在其研究报告中指出，从2009年公布的数据来看，我国经济可能已经筑底，甚至已显露复苏迹象并且银行贷款大幅飙升，但短期内中国政府的货币政策不会出现重大调整。在经济尚未出现坚实可靠的复苏前，充分稳健的货币政策将会延续。

6. 美元贬值对我国物价影响几何

受多种因素的影响，2007年以来我国物价涨速明显加快。而在影响我国物价的十大动力源中，美元贬值位居第一。

2007年10月31日，被誉为"欧元之父"的著名经济学家罗伯特·蒙代尔表示："中国当前物价指数较高是美元贬值的结果。"

美元贬值诱发全球性通货膨胀，加大我国输入型通胀压力。随着次级债危机的不断扩散和恶化，美国进入新一轮降息周期，导致美元持续贬值。美元是国际货币体系的中心货币，美国通过贸易逆差向全球输出大量美元，成为全球货币的"供钞机"，造成世界范围内的货币供应过多、流动性过剩，资本流动性大幅提高。另外，国际大宗商品主要以美元标价，不断贬值的美元使得大宗商品的身价相对上升。全球能源、农产品、原材料、贵金属价格亦将居高不下，在很大程度上冲击了我国的价格体系。

专家认为，由于美元的大幅贬值，急剧拉高的全球石油、矿石、谷物、天然橡胶等农矿产品价格，直接增大了中国商品的生产成本，进而导致物价水平的扬升。致使物价形势在很大程度上取决于美元贬值和需求下降这两大因素的博弈。

进入2008年，中国商品价格涨势依旧，保持继续高位运行态势。统计数据显示，1-2月份累计，全国居民消费价格指数（CPI）同比上涨7.9%；工业品出厂价格指数（PPI）上涨6.4%，其中生产资料出厂价格上涨6.9%；流通环节生产资料价格指数同比上涨12.9%，均创下新高。

在商品价格构成中，涨幅较大的主要是食品类价格、能源类价格和金属类价格。其中食品价格前2个月同比上涨20.7%，尤其是猪肉价格涨幅超过60%，远远高出消费品平均价格涨幅；前2个月钢材、煤炭价格同比分别上涨29.7%和28.4%，超出生产资料平均涨幅20个百分点。

《国际先驱导报》载文分析，一方面伴随美元贬值而来的必然是物价上涨；另一方面全球低利率环境已经形成，由此造成的大规模资金流动势将引发价格上涨。

总体来说，美元贬值对物价刺激效应主要体现在两个方面：首先是以美元为货币计算单位的产品价格因美元贬值而直接上涨；其次是大量的美元因此转向购买农矿产品期货和现货，涌现出巨量投机需求和避险需求，形成较大比例的"投机溢价"，进一步推高了农矿产品价格

水平。

农矿产品价格的上涨对我国造成了压力，因为我国是一个加工贸易型国家，对国际市场农矿产品进口依存度较大。据统计，我国对石油、矿石、大豆等产品进口量占据总需求量的30%以上，甚至更多。因此，美元贬值引发国际市场农矿产品价格急剧上涨，也就直接增大了中国商品的生产成本，进而导致物价水平的大幅扬升。

当然，影响我国物价水平的因素除了美元贬值外，还受其他因素影响，如国内需求旺盛、年初南方雪灾等，但目前来看，排在第一位的因素还是美元的大幅度贬值。据估算，现阶段国际市场石油价格的上涨因素中，美元贬值至少要占据3成比重。

国际专家预测，因受到美国经济不景气、次贷危机、美元持有者的减持倾向等因素的影响，美元还将继续贬值，并且速度进一步加快。这就意味着，国际市场农矿产品价格还将上涨，由于不断提高的生产成本的支撑，中国的物价水平也将高位运行。

从某种意义上讲，高物价好似一把"双刃剑"。它在提高生产成本的同时，也在抑制需求和刺激供应，从而为今后的行情下跌提供了条件。因此说，美元贬值一方面拉高了全球农矿产品价格，导致了高成本和高物价；但另一方面，高物价也会对美国经济形成致命一击，很有可能与次贷危机一起将美国经济推入衰退，甚至是严重衰退。如果次贷危机的负面影响远远超出预期并向全世界扩散，如果美国经济真的陷入严重衰退，失业率大幅增加，消费者捂紧钱袋，势必引发世界范围内最终消费的减弱。其结果将可能是所有的农矿产品价格因为需求不足而下跌。有关资料表明，1998年美国经济衰退曾导致国际市场石油价格下跌了约50%。在这种情况下，其他农矿产品价格不可能岿然不动。

在这种形势下，专家认为，今后中国物价形势在很大程度上取决于美元贬值和需求下降这两大因素的博弈。在两大因素的博弈中，如果美元贬值所引发的成本提高超出了需求下降的力度，中国商品价格将继续高位运行，甚至还有可能进一步上涨。如果国内外经济减缓，尤其是美国经济陷入严重衰退所引发的需求下降，大大超过因为美元贬值所引发的成本提高，中国的物价形势就会全面反转。

而两种可能性当中，专家认为后一种可能性应该更大一些。因为在我国经济的三大"泡沫"，即股市、楼市和农矿产品价格泡沫中，股市和楼市泡沫正在逐渐破灭，这两大泡沫的破灭使得许多投资者为规避风险，而大量减持美元和股票，远离房地产，将大量资金转向购买石油和其他农矿产品期货，由此导致了旺盛的投机需求或避险需求，并成为此轮铁矿石、原油、谷物、油料等农矿产品价格大幅上涨的重要原因之一。

而一旦世界经济显著减速引发农矿产品需求的下降，迫使投机者资金和避险资金大量出逃。在这种情况下，急剧膨胀的农矿产品价格泡沫也将迅速破灭，推动中国商品价格上涨的成本因素也将大大减弱。

2008年初，由于美国经济不景气，国际市场初级产品价格大幅下跌。3月17日国际油价创下了17年来的最大单日跌幅。显而易见，投资者对经济衰退的担忧已经盖过了美元贬值的影响。

美元贬值对中国物价水平的影响，还表现为在美联储不断减息和继续贬值预期的压力下，大量美元热钱进入中国境内攫取更大利益，由此加剧了国内流动性过剩，增大了通货膨胀压力。鉴于现阶段内热外冷，不同行业热冷并存，商品价格有升有降的复杂经济形势，要求我国宏观调控也要双管齐下，抑制通胀与扩大内需措施同时并举。

其一，抑制流动性过剩。从紧货币政策的实施，应继续坚持提高银行存款准备金率冻结资金的方针，尽可能地减少加息频率，以控制逐利热钱的涌入，尤其是要阻断境外热钱进入股市、楼市和商品期市的渠道。要坚持人民币自主升值的方针，根据已经变化的情况，不妨步伐更大一些，允许人民币适当加快升值速度，一方面可以降低农矿产品进口价格，减缓成本推动型的物价上涨压力；另一方面也可以减少购汇人民币的投放数量，抑制流动性的过快增长。

其二，进一步扩大国内需求。在这方面我国还有极大的潜力。尽管目前一些行业，特别是出口型行业已经或将出现产能过剩，但还有许多行业，如教育、医疗、环保、能源、廉租房、部分食品等方面供应短缺，资金投入不足，并且还存在一些落后地区和庞大的低收入人群。这就要求我们在抑制过剩产能的同时，加大对上述行业的投入，大力增加有效供给。此外，要充分发挥财政转移支付的积极作用，加大对落后地区和低收入人群的扶持力度，加快我国由加工出口型国家向消费型国家的转变，以此应对世界经济减速后的外部环境紧缩。

7. 热钱"烤"验中国经济

近年来，借助美元贬值趋势、国际政治局势动荡、油价和大宗资源品价格高企，主要由国际资本构成的热钱所从事的投机活动愈演愈烈。

热钱又称"逃避资本"，它是指为追求高收益及低风险而在国际金融市场上迅速流动的短期投机性资金。以追求汇率变动利益的投机行为为例，本币汇率预期改善、利率高于外币，从而形成汇差，是国际热钱流入增多的主要原因。同时，外汇管理体制中出现的一些监管漏洞，也会为国际热钱的进出提供便利条件。

中国国际金融学会副秘书长王元龙认为，热钱对经济造成的影响，一方面会对进入地区的经济发展起到刺激投资的正面作用，同时，太多的热钱将会给该国带来通货膨胀、汇率剧烈波动、泡沫迅速扩张等负面影响。当热钱套利机会变小，如本币币值上升时，热钱就会迅速撤出，从而引起本国金融市场的剧烈动荡。

国家外汇管理局资本项目管理司副司长孙鲁军认为，随着资本持续大量流入，中国国际收支项目之间发生了实质性变化。

2008年6月25日，日本《产经新闻》刊发文章说，海外热钱的非法流入加剧了中国国内的通货膨胀，这些资金有可能在一夜间外逃，从而像11年前的泰国一样，造成经济的崩溃。中国开始警惕亚洲经济危机再度降临。

2008年以来，国际上的热钱更多地涌向中国。据统计，1至4月份的流入额超过1300亿美元，仅4月份就高达500亿美元，处于异常状态。

同时，4月份中国的外汇储备达到1.7567万亿美元，超过了7个发达国家的总和。专家认为，造成外汇储备异常膨胀的罪魁祸首是热钱的流入。

不断涌入的热钱极大地增加了市场货币供应量，从这一点来看，因为人民币供给增加而增进的通货膨胀变得更加不可控制。中国社科院世界经济与政治研究所研究员张明研究认为，热钱对中国A股市场的渗透已经远远超过了普通投资者的想象，出入中国A股市场的热钱规模远高于目前批准的QFII总额。和热钱的大量涌入相比，热钱的流出也需要我们提高警惕。

张明认为，大规模的热钱逃离中国市场，受到影响的不仅仅是我国的外汇储备。他说，热钱操纵中国股市最常用的手段就是通过A、H股的联动来赚取利差。对于那些既在A股又在H股上市的股票，热钱可以一面做多A股同时又在H股市场上大量做空该蓝筹股，随后，热钱在A股市场上大量抛售该股票，这首先会引发该蓝筹A股股价下跌，其次很可能导致该蓝筹H股股价下跌（H股下跌幅度一般低于A股）。最后的结果就是热钱可以在H股市场上充分利用财务杠杆，保证热钱的H股盈利远高于A股亏损，从而牟取暴利。

热钱不仅对中国的股市产生了影响，也对中国的房产产生了影响。分析人士认为，热钱对楼市的兴风作浪远比股市来的凶猛。中金公司首席经济学家哈继铭认为，"热钱"可能更多地流入实体经济，特别是房地产开发领域。他说"房地产企业的资金链开始吃紧，但投资增速仍然很快，这是一个值得研究的现象。另外，自2007年年末开始，信贷收紧，加之国内利率水平不断提高，企业从银行贷款难度加大。对于这些企业来说，可能会考虑从其他途径来借钱，而与此同时，国际上利率水平持续下降，流动性增多，因此也存在借款的意愿。"

事实上自2006年7月，原建设部、商务部等六部委联合下发"171号文件"后，外资在地产领域一度不再活跃，甚至海外上市的地产公司都存在融资无法进入国内的问题。但最近时期，外资重又抬头。

2008年4月初，凯雷对外宣布，以6.8亿美元收购麦迪逊大街650号的一座高级物业，交易规模创下2008年以来地产交易的纪录高点；与此同时，凯雷在上海以19.907亿元的价格收购了济南路8号西苑。同样在上海，3月，韩国未来资产集团9亿元收购了翠湖天地御苑18号。种种迹象表明，外资对于境内房地产市场的热情并未减退，反而更趋向长期收益、稳定布局。

热钱大规模地进入中国市场，对中国经济体系来说是一个不好的信号。2007年底以前热钱的流入量已达到相当的规模，有的专家推测在5000亿美元，有的甚至认为高达8200亿美元。

专家指出，人民币贬值与热钱流出的风险正变得越来越大。从历史经验看，热钱加速流入会造成宏观经济失衡，形成资产泡沫。而热钱的迅速出逃，也将会是一瞬间的事，届时将会造成经济震荡，甚至引发严重的货币危机。正如亚洲金融危机演绎的那样：危机爆发前的1996年底，注入东亚的热钱约5600亿美元，到1998年底危机爆发后流出的热钱达8000亿美元，诸多亚洲国家深陷危机之中。

2008年4月下旬，在国际货币基金组织（IMF）国际货币与金融委员会（IMFC）春季部长级会议上，央行行长周小川呼吁各国尽快建立起协调互信的政策框架，加强对对冲基金为代表的热钱的监督，稳定市场预期，实现有序调整。

专家认为，大量热钱将会使资本流动急剧波动，不仅导致汇率和利

率更大幅度波动，造成资产价格中的泡沫效应使得国际收支状况和结构更加复杂，进而影响到一国的经济和金融稳定，甚至造成社会和政治的动荡不安。

因此，要改变或者说有序化热钱的流动，最关键的措施就是增加汇率机制的灵活性，加快汇率改革步伐，实施合理的外汇管理制度。

2008年6月8日，外管局出台政策，自7月1日开始，企业境外投资不再受额度限制，外汇需求可以得到充分满足。这是增强人民币汇率机制灵活性的重要步骤，防止外汇资金大量结汇后进行投机性活动。

8. 建立独立自主的货币发行机制

受世界经济持续增长、全球流动性过剩、美元贬值、部分农产品主产国减产、国际投机资金炒作及世界生物燃料产业迅速发展增加粮食需求等多种因素的影响，2007年国际市场石油、粮食、食用植物油、铁矿石等大宗商品价格持续上涨，全球通胀压力加大。无论是新兴国家还是发达国家，2007年都出现了不同程度的通货膨胀，中国亦然。

进入2008年，我国物价上涨的压力仍未消减。面对严重的通胀压力，我国采取了积极的抑制措施。从2007年刚刚出现物价较快上涨的问题开始，政府就及时采取了发展生产、保障供应、加强监管、提高社会保障标准等一系列措施，保障了居民生活必需品供应，没有出现重要消费品断档、脱销的情况，保证了市场稳定和民心安定。2008年以来，有关部门继续抓紧落实国务院关于促进粮食、油料、生猪、奶业生产发展的各项政策，加大了价格管理和调控工作的力度。

尽管调控始终没有放松，但由于受国际市场大宗商品价格上涨、国内市场需求旺盛以及推进资源性产品价格和环保收费改革等因素影响，

2008年价格总水平上涨的压力仍然较大,通胀压力仍然较大。

面对较大的通胀压力,多数金融专家认为,当务之急应该是尽快建立起独立自主的人民币发行机制,尽最大可能在尽可能短的时间内使人民币的币值符合当前中国的实际经济发展水平。只有这样,才能抑制市场对通胀的预期,才能使我国辛辛苦苦开创的"高增长、低通胀"的大好局面保持下去。

专家认为,抛开了盯住美元的政策之后,不解决货币发行机制这个最紧要的问题,货币政策几乎是无效的。中国的货币政策,不能是唯美元主义,而是要把马克思主义的普遍原理和中国改革的具体实践相结合。有了我们自己的货币发行机制,人民币汇率改革就水到渠成、顺理成章了,对经济长期健康发展是绝对的保证。

我国从2005年开始汇率制度改革,人民币逐步升值,采取的方式是"小步快走"策略。但是,专家认为汇率问题并不是关键,利率政策效用是很有限的,就连美联储前任主席格林斯潘在其离任后都不得不承认,美国的利率政策根本就没有起到预想的作用。因此,人民币汇率改革是次要的问题,核心问题是:抛开了盯住美元的政策之后,我国的货币发行机制到底是什么?

然而,我国只注重维持汇率的稳定,未保持币值稳定。2004年2月1日,我国颁布《中华人民共和国人民银行法》,其实就是中国的央行法,从法律来讲,人民银行的一条重要职责是保持人民币币值稳定,而不是汇率稳定。但是中国人民银行在实际执行货币政策时只保持了人民币兑美元汇率的稳定,而没有保持人民币币值的稳定,人民币兑欧元、英镑、日元、加元甚至俄罗斯卢布、巴西货币都在贬值。但是央行在汇改之前的季度货币报告里面称,人民币兑美元汇率保持在8.2725∶1,人民币汇率继续保持稳定。《人民银行法》提出要保持币值的稳定,央行实际执行的是保持对美元汇率的稳定,而这两者有显著的差别。并且,"保持币值稳定"和"保持汇率稳定"这两件事在我们现有的汇率

制度下是矛盾的，我国金融机构又如何做到"鱼与熊掌兼得"呢？

专家指出，人民银行的职责是负责制订货币政策和人民币的发行。在人民币汇率改革之前，人民币的货币发行机制实际上是很明确的，是市场很了解很透明的机制。这个发行机制市场是知道的，投资人对未来都是可预见的。汇改后，央行未制订出一本关于中国货币发行的白皮书，就像任何国家有外交白皮书、国防白皮书，货币发行应该也有白皮书。这本白皮书应该详细讲货币发行机制是什么，什么情况下向市场投放货币，数量是怎么确定的等等。总之，专家感到迫切需要解决的是中国货币发行机制是什么？这是一个重大难题。一定要有一套人民币发行的货币投放机制，这本白皮书也一定要有。

纵观《人民银行法》的内容，它里面只规定了"人民银行负责人民币的货币发行"，至于怎么发、按什么原则发、发多少、什么时候发，似乎没有法律文件的明确规定。

当务之急是应尽快建立起独立自主的人民币发行机制，尽最大可能在尽可能短的时间内使人民币的币值符合当前中国的实际经济发展水平。只有这样才能抑制市场对通胀的预期，才能真正地使中国经济走上快速、稳定、健康的发展道路。

9. 治理通胀，人民币重估是根本之道

2007年以来，随着国民经济持续保持两位数的高速增长，通货膨胀的压力也随之浮现，加之一些不可预料因素的出现，消费价格指数（CPI）逐月攀升，不断创出历史新高。

面对日益严重的通胀压力，2007年央行六次加息，十次调高存款准备金率，2008年央行又四次上调存款准备金率，而与此同时，2008

年4月30日美联储又再次降息。中美利差倒挂再次被放大，使中国加息政策受到限制。面对国内日益严重的流动性过剩压力和物价上行压力，央行的货币政策似乎已经捉襟见肘，这时人民币升值压力也在不断加大，人们将抑制通胀的重任更多地寄予人民币汇率之上。

事实上，按照经济学的一般原理，通货膨胀属于一种货币现象。中国通胀，主要是由人民币汇率低估而引起内外经济失衡。贸易顺差和外汇储备持续激增导致国内流动性过剩，不仅催生了股市和房市泡沫，也埋下了通胀隐患。单纯依靠紧缩的国内货币政策，难以解决经济失衡的问题，而重估人民币，既能降低贸易盈余，还可以抵御全球大宗商品价格上涨的影响，因此是治理通货膨胀的根本之道。

众多金融专家认为，当前中国通胀，是典型的固定汇率机制下币值长期低估和出口导向型经济增长模式合力推动的结果。因此，大幅提升人民币汇率应是中国反通胀政策一个核心要素。

然而，中国政府并未对人民币汇率进行此类调整，而是寄希望于完全依靠国内紧缩性的货币政策来抑制通胀。由于紧缩性货币政策无法遏制中国贸易盈余激增和人民币汇率低估诱发的通胀压力，这种政策最终能否成功具有高度的不确定性。

中国通胀的一个重要成因是全球大宗商品价格的上涨。当前，原油及基本金属价格正处于上涨态势，而全球小麦和玉米价格的上涨带动了食品价格的上扬。此外，中国境内爆发的一场传染性猪瘟疫情致使大批生猪死亡，造成中国居民偏好的猪肉供应趋紧，从而推动了猪肉价格大幅上涨。

作为中国外向型产业的中心地带，沿海地区的工资水平已开始上涨，以应对居民生活成本上涨和原本过剩的劳动力日渐短缺的状况。而最严峻的是，资产价格的持续飙升使中国正遭受资产价格泡沫风险不断累积的困扰。中国贸易盈余和国外直接投资的持续激增造成了国内货币供应量过快增长，进而推动了资产价格的一路走高。

中国出口企业将赚取的美元汇回了国内，而中国央行为了抑制人民币升值压力，以固定的汇率将这些美元兑换成人民币。为了避免因通胀而蒙受货币贬值损失，出口商们将这些从境外市场赚取的资金投资于股市和房市以期获取更高的回报。这推动了中国房价的上涨，进而导致大规模的房产开发热潮，而房市的繁荣又支撑了房价的持续攀升。由此造成的影响不言而喻：中国正在承受全球大宗商品上涨带来的通胀压力，而出口导向型产业旺盛的外部需求刺激了国内需求的增长；贸易盈余的激增导致国内货币供应量的大增，从而推动了资产价格的上涨。

探索通胀原因，人民币汇率低估是引发中国通胀上行的主要原因之一，因为这导致了中国出口增长过快、贸易盈余激增，进而带动了国内货币供应量的迅猛增长。2007年以来，中国积累的贸易盈余创下了历史同期新高。这表明大幅重估人民币汇率应是中国反通胀政策的一个核心要素。此外，由于大宗商品均以美元计价，重估人民币汇率还可以抵御全球大宗商品价格上涨对中国的影响，继而降低以人民币计价的中国国内商品的价格。

然而，中国政府却选择了单纯依靠加息、提高银行存款准备金率等紧缩性货币政策来通胀抑制。这种政策不大可能奏效。首先，目前中国资产价格已大幅上涨而且举债投资的投机性资本规模庞大。这意味着，由于担心会引发一场金融危机，中国货币当局不敢真正实施强硬的货币紧缩政策。

其次，提高银行存款准备金率将导致存款回报下降，使储蓄失去吸引力。这将会诱导储户们大肆消费或四处投资，从而加剧通胀上行压力。

而最重要的一点是，继续压低人民币汇率意味着中国贸易盈余及国外直接投资将会持续激增，从而导致中国境内流动性进一步泛滥。

综合上述因素，中国的通胀压力很大，面临着很大的风险。为了遏制通货膨胀的加剧，在当前重估人民币尤为关键。

第四章　未雨绸缪：中国如何突围

导读：金融危机不是数字，亦不是道德文章，而是赤裸裸的利益，赤裸裸的攫取的"智慧"。不过，胜者必不会受到世界的称道，败者亦不会受到世界的同情。危机中不存在绿色通道，突出重围有赖多重应对。

1. "大敌"当前，理性调整货币政策

2008年2月27日，美联储主席伯南克发表言论暗示将继续减息之后，沉寂数日的人民币汇率重新回到了"加速跑"的状态。28日，人民币汇率中间价升至7.1209，单日涨幅246个基点，首次冲破7.14和7.13关口，创下汇改以来新高。3月2日，人民币更创新高，升至7.1058。

而与人民币飙升相反的是，美元在国际汇市延续2月26日的跌势，继续深度下挫，美元指数最低触至74.07，当日下跌了0.54点。

对于人民币升值和美元贬值现象，学术界有观点称，中美之间正在进行一场货币较量。这种观点认为，当前，中国货币政策的总体思路应是围绕国内经济发展的目标和经济结构调整的要求，把国内利率政策作

为宏观经济调控的主要手段之一，把汇率政策作为保卫中国经济成果、保卫中国经济版图的主要手段之一，同时，汇率政策应服务于利率政策、为实施正确的利率政策让路，不应让汇率政策牵着利率政策的鼻子走，不应让汇率政策约束利率政策的制定和实施。通过利率、汇率、资源价格体系的互动和调整，达到把国民财富留在国内的目的；同时，通过实施自主的货币政策，迫使美国调整自身的货币政策，形成相对公平的国际经济环境。

有学者提出，中国必须觉醒、必须防止更严重的掏空。中国要坚持"对外开放"政策，但这种开放应该是"对等开放"，绝不能重现1840年后的那段日子。中国作为大国应该学习美国对付中国的做法，美国层层设防，不提倡"对外开放"，只提倡"美元垃圾"变资源和变股权。中国只有认真思考30年改革开放的成功经验和教训，特别是资本市场建设方面的不足，重新调整政策和思路，重视政策之间的平衡和配套，才能发挥人民币的威力，才能打好这场发生在中国本土的货币战争，才能避免中国经济发展成果的瞬间毁灭。

在美元和人民币进行较量的形势下，一些学者提出应对中国货币政策再重新认识。学者认为，与发达国家或成熟市场经济体相比，目前中国的货币政策特点主要体现在两个方面。一是采用多目标制；二是数量型和价格型工具混合使用。20世纪80年代以来，中国经历了3次通货膨胀时期，分别是1985年、1988年和1995年。受亚洲金融危机影响，1998－2000年，中国经历了通货紧缩。从这几次经历的实证分析中可看出，货币供应量与通货膨胀之间的互动关系仍是显著的。央行高官曾表示，在中国目前的发展阶段，货币总量仍是货币政策框架的重要内容。

中国特有的货币政策特点决定了中国在货币政策方面遇到的一些问题，可能在别的国家很少见或未曾经历过，在经济史上或者理论上也少有系统性地剖析。那么，对于中国货币政策当前新出现的重要货币理论问题，究竟应以怎样的思维方式去寻找答案；中国应如何总结过去货币政策的经验和教训，如何确立新形势下的中国货币政策方针？

学界权威人士分析认为，一旦本币出现持续升值预期，经济体系的决定力量或关键变量，则是预期汇率升值幅度和资产价格上涨幅度，其他变量（利率、预期通胀率等）是从属变量。若本币出现持续汇率升值预期，央行货币政策无法实现其钉住通胀率之政策目标。因为，此时央行若要钉住某个通胀率，它必须采取某种货币政策操作手段，反方向调控真实经济市场和虚拟经济市场，这当然是不可能的操作。该分析还确认，过去两年半的货币政策历史，证实了该理论的基本结论。

事实上，由于允许人民币汇率缓慢升值，国际收支"双顺差"所带来的流动性过剩问题却愈演愈烈。尽管央行已经动用几乎所有货币政策手段，以缓解流动性过剩压力，实际上却收效甚微。

严峻的事实表明，确立中国货币政策的基本方针，必须综合考虑国际货币体系的基本特征和中国经济发展所处的特定阶段。

因此，为了尽可能降低经济运行的整体风险，确保银行和金融货币体系审慎稳健经营，确保国民经济长期又好又快发展，中国货币政策的基本方针理应作出重大调整，并迅速采取正确的行动。

在现阶段，中国货币政策该如何调整呢？就货币政策发展方向问题，金融界出现了分歧。一些专家提出，我国应实行紧缩的货币政策。对于这一观点，其他专家提出了质疑，即紧缩的货币政策是否会使中国的美元外汇储备问题更为尖锐？那么，中国的最佳选择是什么？中国必须抓住这个机会，允许人民币加快升值步伐吗？而且，中国必须允许人民币对一揽子货币、而非仅对美元加速升值吗？

有一种深刻质疑的意见说，以人民币升值抑制国内通胀可能会产生一系列问题。首先，人民币汇率会不会失去作为货币政策中间目标的地位？汇率政策会不会将退居为诸如利率、存款准备金率之类的政策工具，人民币汇率的稳定性会不会因此将大大减弱？第二，人民币汇率机制是否会被扭曲？第三，人民币升值真的能达到抑制通胀的目的吗？最后，以人民币升值抑制通胀或将加剧进口企业和出口企业之间的利益冲突。

另一种观点认为，中国货币政策应迅速采取切实的行动：第一，消除人民币持续、单边升值的市场预期。第二，重新实施人民币与美元的固定汇率。而若将人民币汇率重新稳定于7.5人民币＝1美元水平，只允许汇率在7.5水平的上下窄幅波动，中国或可彻底消除人民币单边持续升值趋势。

对于此观点，央行副行长易纲表示，要继续按照主动性、可控性和渐进性原则，完善人民币汇率形成机制，更大程度地发挥市场供求的作用，增加汇率弹性。他认为，局部的资本管制对于开放的经济体作用有限，被管制的资本总可以通过未被管制的渠道流入国内，同时实施全面的资本管制代价太大，今天的中国是一个开放的中国，同样实施管制也是代价非常高的。

易纲还强调说，世界各国治理通胀的一个成功经验，就是放松国内的资本外流以及加强宏观政策的协调。一个比较接近合理均衡水平的汇率、利率和宏观政策对于资本流动是重要的。

尽管国内金融界目前存在一些关于资本管制是有效的，应该加强资本管制的观点，但事实证明，资本管制政策可以堵住国际金融资本套利中国，但无法堵住商品套利的渠道。人们发现，现实已使央行对于资本项目管制不再自信。

因此，在现行情况下，货币政策应理性调整。中国银行全球金融市场部研究员谭雅玲认为，如何理性地看待我国金融规模与质量问题，不仅关系到我国金融改革开放的前景与方向，而且直接影响着我国对金融风险的规避与防范。尤其从建设和谐社会这个总目标看，目前，我国的金融规模与金融质量"不和谐"已有所表现，需要引起人们高度警惕。

她说，金融规模是金融质量的基础，金融质量则是金融规模的

"温度计"。"过冷"或"过热"都不适宜。而金融质量的温度显示，又是金融安全的"警示标志"，不仅需要政府的宏观调节，更需要银行等金融机构在风险控制和竞争力的提升方面加以支持。

她认为，就目前来说，银行业和金融体系应尽快转变单纯追求规模的增长方式，综合考虑风险成本，强化利润和损益成本意识，建立有效的综合经营模式，强化能力与水平管理，淡化官员化的组织管理模式，用市场收益和损益指标进行管理考核，切实增强金融机构的竞争力，把基础做实，把业务做好做强。

而就人民币汇率来说，针对美元强势之下的贬值策略，谭雅玲认为我国不仅要有短期应对策略，还要有中长期应对准备。

她指出，从短期看，对内宜"以动治乱"，对外宜"以静制动"。她说，这样的安排，不仅可以改变国内的预期惯性，"搅乱"国际上的预期惯性，而且有助于打消对人民币升值不切实际的预期，给我国汇率提供调整空间，释放其升值压力。在此过程中，特别强调不适当的升值将造成的自我压力、自我问题，比如出口企业利润下降、结构失衡或外国贸易争端与制裁的问题，让人们了解汇率问题后面真正存在着的是经济问题。

从中期长期看，她认为内部要有战略规划，外部要讲究策略。中期汇率形成机制宜有灵活性，采取结构性改革的方法，促进体制机制的改良，扩大浮动区间。如果外部动荡激烈，也可以采纳有些西方机构的建议，调整或选择汇率方向。

从长期而言，则需要有大的思路，改变人民币汇率的形成体制与机制，加快市场化、国际化进程，特别要讲究效率，实现汇率的自由化与国际化。

2. 坚守防线，不宜过早执行人民币自由兑换政策

在美元持续贬值、人民币升值和热钱泛乱的形势下，我国银行实行人民币不自由兑换政策。

2005年7月，中国人民银行货币政策委员李德水表示，人民币至少在未来5年内都不会自由交易。他指出，"中国银行业体质脆弱，中国的货币体系仍未达到国际标准"。

李德水说，"全球对冲基金规模在8000亿至1万亿美元左右，中国金融体系仍相对脆弱，人民币若完全自由兑换，将遭受对冲基金攻击"。

被称为"欧元之父"的蒙代尔说，"人民币完全自由兑换不会出现，因为那将导致经济'休克'"。

专家指出，我国若实行人民币自由兑换政策将不可避免地影响香港的融资业。2005年12月1日，中信泰富董事总经理范鸿龄表示，人民币一旦自由兑换，将会影响香港成为内地企业集资平台的角色。

他说，当人民币汇率实行自由兑换政策时，届时内地企业就会回流内地股市上市，内地股民亦可自由购买有关股票，而香港作为内地企业集资平台的角色就会改变，从而影响香港融资业。

同样，我国金融专家张宁认为，在中国的经济发展过程中，外汇政策一定要达到两个目的，一是要服务于中国经济发展的目标，二是要尽量减少中国经济发展的风险。他指出，要实现这两大目标，实行管理浮动汇率加上资本项目（货币）的不自由兑换，是短至中期内最优质的选择。

张宁认为，外汇政策首先要绝对避免直接或间接导致金融危机，甚

至社会动荡。中国发展的根本基础就在于社会稳定。中国在发展之初，金融体系极不健全，国内金融机构基本上没有市场化，很少的资金就可能冲击整个金融体系。如果在那个时候就实行开放的货币政策，很容易造成金融危机。拉美国家在这点上已经付出了沉重的代价，拉美整个近代金融史就是一个接一个的国家从一个金融危机走向另一个金融危机的历史。直到最近，随着中国银行改革取得阶段性成功，中国金融机构相对来讲健康了很多。但随着次级债危机的爆发，国际金融与货币体系进入了一个板块相对移动的多地震时代。未来一些年内，只要世界金融体系的过渡未完成，高频率、大规模的金融危机在所难免。这次愈演愈烈的次贷危机，使世界经济维持增长的希望主要集中在中国，根本原因也就在于资本项目的封闭使中国的金融体系未被卷入风浪。而其他如欧洲经济，由于货币的传导作用，也不得不经受来自美洲大陆的金融风暴。

其次，张宁指出，中国经济的规模越来越大，内需在GDP中所占的比例越来越高，可能使中国与美国等发达国家的经济相关性日益降低，在这一背景下，中国要保持宏观政策的自主性，就不宜执行可自由兑换的固定汇率货币政策。他说，中国早期发展的主要动力之一来自竞争激烈的贸易，这就要求执行固定汇率或管理浮动汇率制度，来减少不确定性、降低贸易的成本。最终，解决这两个相互矛盾的目标的办法，就是管理浮动加不可自由兑换。但执行此种政策有很大的难度，因为管理者要确定什么是合适的汇率。要是这几年中国外汇政策有什么不理想之处的话，那就是对"正确"汇率水平的把握了。决策者可能过多地考虑了出口、尤其是由此创造的就业，而有些忽视了低估的人民币对国内货币政策的影响，造成了国内流动性过剩、经济偏热，进而导致了目前中国经济的第一大敌——通货膨胀。其实，高储蓄率之下，中国短期内已经不再依赖于国外资本，过高的贸易顺差与外汇储备也给中国造成了很大的压力和低效率，甚至很多本应发生的产业调整都因此受到了阻碍。

最后，张宁说，中国作为未来世界两大经济实体之一，外汇政策迟早要实行自由兑换和某种程度的管理浮动，但要想使中国的经济与金融体系能够免疫于开放外汇政策的副作用，必须有一些先决条件。当前，中国金融市场已经有了长足的进步，但还有许多机制尚未建立，最简单的包括利率的市场化与债券市场的进一步健全，再有金融机构包括银行、券商等的市场化竞争力也必不可少。有了强大、健康的金融机构，才能维持未来世界经济与金融中心的正常运行。20世纪90年代，日本经济旷日持久的衰退，与其低效、羸弱的金融机构是直接相关的。试想，在中国银行改革与股改完成前，有大量国际热钱涌进涌出，势必会造成更多的金融机构在改革前遭受不必要的冲击甚至破产，进而造成中国经济增长受到负面影响。

张宁指出，同其他经济政策一样，任何外汇政策都有其两面性。权衡货币自由兑换带来的高效率与金融危机带来的冲击，执行稳健的管理浮动汇率加上基本封闭的资本项目不自由兑换，可能仍是目前中国较为理想的选择。

由此可见，在现阶段，我国不宜实行人民币自由兑换政策。那么人民币究竟何时能够实现自由兑换呢？一些金融专家认为，这需要若干条件。高盛（亚洲）董事总经理胡祖六认为，货币自由兑换需要的先决条件包括：汇率政策应该具有弹性；货币要在国际市场上有足够的竞争力；国家要对资本的流入有足够的吸引力；同时拥有足够的外汇储备。

长江商学院金融学教授曹辉宁则认为，人民币自由兑换首先需要有稳健的财政和货币政策，以确保货币自由兑换后，资金快进快出不至于给金融体系带来太大的风险。另外，中介机构也要足够成熟，确保能够高效地应对资金大量流入或者流出。而目前中国的中介机构与其他国家相比较为落后，还需要2-3年时间的发展。因此他建议，人民币自由兑换应该谨慎。

3. 小幅升值，人民币汇率再调整

从 2005 年 7 月 21 日汇率机制改革以来，人民币相对美元升值了，但中美之间的贸易差额并没有减少。贸易顺差的出现实际上反映了中国竞争力的提高。中国有比较完备的产业体系，比较低廉而相对较多的劳动力供给，再加上优惠的对外开放政策和广阔的市场，这些都是吸引外商投资中国的重要原因。由于外商直接投资的进入，中国的制造和加工能力扩张较快，出口快速增长，部分外商的进入又促进了中国进口替代能力明显增强，加大了贸易顺差。人民币汇率的未来走势，还是会按照中国政府所确定的"主动性、可控性、渐进性"原则，根据市场变化情况和国内外发展态势来进行调整。

根据国际清算银行（BIS）公布的数据计算，2007 年 11 月美元名义有效汇率较 2002 年 1 月贬值 23.6%，实际有效汇率也贬值了 22.3%，而且受次贷危机的持续影响以及美元的继续降息，美元汇率还可能进一步走低。相比之下，同期美国贸易赤字的规模并未随着美元的持续贬值而减少，反而在不断扩大。近年来，美元总体持续贬值与美国经常账户赤字不断扩大的态势，对人民币汇率造成了巨大的升值压力。

按照 BIS 公布的名义有效汇率和实际有效汇率指数计算，2007 年 11 月末人民币汇率名义汇率和实际有效汇率分别较 2005 年 7 月升值了 20.3% 和 6.41%；仅 2007 年全年人民币对美元汇率就升值 6.5%，近期更是屡创新高。与此同时，人民币总体持续升值的过程中仍然面临着巨大的升值压力：IMF 修改了汇率操纵标准、美国参议院金融委员会通过了制裁法案、2007 年底 G7 发布的联合声明敦促人民币汇率大幅度升值等，人民币汇率面临的形势更为复杂。从经济上看，如果美元进一步

贬值或其贸易逆差继续扩大，那么贸易顺差和外汇储备连续创新高的中国，不仅可能遭受更大的贸易摩擦，而且人民币汇率将面临更大的压力。在这种情况下，作为最大的发展中国家，中国一方面需要在经济层面从国内经济转型和发展的实际出发积极应对，进行主动的适应性调整，另一方面也要呼吁美国进行应有的政策调整。

2008年上半年是人民币汇率走势最引人关注、影响因素最复杂、各方精锐观点最多的一段时间。从年初的加速升值到三四月份的放缓脚步，再到近期重回快速升值通道，人民币对美元汇率走出了半年出人意料的币值"行情"。按照中国外汇交易中心的统计数据，6月27日，人民币对美元汇率中间价为1：6.861，较去年底已累计升值超过6%，与去年一整年的升值水平相当。

人民币对美元的加速升值体现了汇改的成果，表明人民币汇率的灵活性和波动性在增强。除灵活性和波动性外，主动性升值开始成为今年人民币汇率的新特点。这一方面源于央行对汇率在货币体系中作用的重新认识，这在一定程度上能抑制国内通胀压力，另一方面则源于人民币汇率对出口影响的重新评估。

人民币升值的确会影响出口，但主要原因不在升值，而在外需的下降、劳动成本上升以及出口退税政策的调整。出口企业的成本有50%到60%是原材料成本，20%是人工成本，汇率并不是主要方面。正因如此，国内产业界对人民币升值的应对和容忍度开始增强，并成为此轮人民币升值加速的主要考量。

不过，值得注意的是，本轮人民币对美元的升值压力仍然来自于外界。美国次贷危机发生后，美联储因担忧信贷紧缩和经济衰退，向市场注入大量流动性并大幅降低利率，导致美元对全球主要货币出现大幅贬值，从而加大人民币被动升值压力。事实上，在这半年中，人民币对欧元汇率变动并不特别显著。

对于今后人民币汇率未来走势，大多数学者认为，虽然人民币对美

元总体继续维持升值态势，但在美国次贷危机带来的外需下降和国内经济环境变化的背景下，人民币升值的"加速态势"在下半年未必持续，人民币汇率走势将取决于多个因素的强弱而定。

贸易不平衡是其在全球化条件下的贸易政策、产业定位和分工差异、经济主体跨期选择以及国际货币体系和汇率政策等诸多因素的作用下形成的，是实体经济和货币经济综合作用的结果，而不能只归因于汇率失衡。客观上讲，汇率问题是贸易问题的升级，中美两国之间的贸易不平衡也是如此。

对于中国而言，持续的对外贸易顺差根本上是转型时期的高储蓄、低消费、高投资的结构性问题造成的，因此人民币升值不能从根本上改变中国贸易顺差扩大的趋势，当然人民币汇率存在一定程度的低估也是事实。中国要减少贸易顺差必须从根本上调整经济结构，汇率改革和汇率水平的调整只是调整贸易不平衡的一种辅助性选择。相比之下，美国贸易逆差的形成是其长期实行高新技术出口管制，以及过度消费、低储蓄和巨额预算赤字的必然结果。虽然美元汇率近年来在持续走低，但美国同期经常项目赤字占其国内生产总值的比重依然在不断上升。美元贬值与美国贸易逆差扩大的背离与经验研究得出的美元汇率变动传递程度不高、支出转换效应较弱的结论是一致的。

有效缓解中美两国之间的贸易不平衡，必须采取能够综合解决问题的一揽子调整措施，应优先从实体经济领域进行体制改革和政策调整，在此基础上，在货币金融层面按照基本经济因素合理调整汇率水平。尤其是在人民币汇率传递和支出转换效应不显著的情况下，仅通过货币调整实现贸易平衡往往需要巨幅的汇率调整，这会影响中国的经济和金融稳定，对于转型时期的中国来讲是无法承受的。

汇改三年以来，人民币对美元名义汇率升值已达20.7%，实际有效汇率升值也达11.4%，对于下一步人民币的升值空间，不同的机构也有各自的预测。在当前全球经济失衡的背景下，人民币的汇改需树立

全球思维。从长期看，人民币不可能依附于一种或若干种货币，人民币的汇率改革需综合考虑经济发展的多重要求，在汇改及经济发展的过程中，也要考虑全球经济格局和文化差异的影响。目前人民币的汇率政策要服务于国内产业结构调整的战略安排，同时需要树立全球套利的观念。

在人民币升值的节奏上，需采取有序推进和开放保护的结合，只有在有浮动的汇率与资本的有限流动之间做更好的平衡组合，才能避免对实体经济造成大的冲击影响。人民币的汇率变动除了对国际收支失衡的调整发挥作用外，还需体现其估值效应，对汇率的变化与国际收支失衡之间的因果联系还可以进行深入研究。

对于目前的国际经济失衡，汇率的调整有其必然性，不过中国需充分关注美元贬值带来的机会成本。目前中国西部经济还很不发达，政府可通过经常项目与资本项目的匹配来改善西部落后地区的资金资本状况，发挥汇率政策对经济结构调整的积极作用。政府可用部分外汇储备投入到服务业、中介机构、基础设施的建设，这样不仅能改善经济结构还能缓解内外失衡。

还需要加快人民币的升值速度，只有较快的升值才能缓解目前的通胀压力，同时人民币的升值到位可以降低国际原材料的相对价格，从而降低进口成本。而在资本流动监管上，应着重加强对短期游资的管理，如适当考虑征收短期资本收益税，抑制热钱的流入。同时他还认为，在目前管控热钱形势不容乐观的背景下，需对外资流入预期做有效管理。如何使促进资本流出的方式不引发更多热钱流入是监管部门需认真解决的问题。

随着人民币汇率形成机制改革的继续推进，如何利用人民币汇率形成机制改革的机遇促进经济的长期稳定发展和经济主体竞争力的提高，是企业面临的新课题。

对企业来说，一要不断增强汇率风险意识。应认识到人民币汇率形

成机制改革在改善贸易条件、提高对外开放水平等方面对我国经济发展和企业经营的积极意义，主动适应这一改革，不断增强汇率风险意识，高度重视汇率波动对生产经营的影响。二要积极采取措施管好汇率风险。企业应将汇率风险管理融入整个工作流程，培养和引进相关专业人员，做好风险管理的基础性工作。根据自身资产负债结构和外汇现金流结构的特点，采用多种措施实现资产负债和收付汇的平衡管理。同时，积极利用金融机构提供的汇率风险管理产品，选择合适方式降低财务成本，管好汇率风险。三要以人民币汇率形成机制改革为契机，加快推进结构调整步伐，加强内部经营管理，增强国际竞争能力。在提高经营管理效率，保持产品价格优势的同时，更要推进结构调整步伐，增强自主创新能力，优化出口产品结构，注重自主创新，提升产品的技术含量和品牌内涵，提高产品的核心竞争力。

根据国内外经济金融形势，央行以市场供求为基础，参考篮子货币汇率变动，对人民币汇率进行管理和调节，维护汇率的正常浮动，保持汇率在合理、均衡水平上的基本稳定，促进国际收支基本平衡，维护宏观经济和金融市场的稳定。

人民币汇率形成机制改革坚持了主动性、可控性、渐进性的原则。其中，"渐进性"是指人民币汇率形成机制改革的渐进性，而不是指人民币汇率水平调整的渐进性。人民币汇率制度改革重在人民币汇率形成机制的改革，而非人民币汇率水平在数量上的增减。央行表示，将进一步完善人民币汇率形成机制，促进国际收支平衡。就此，央行提出了五项要点：一、继续做好对人民币汇率形成机制改革的宣传解释工作，帮助市场准确理解和把握汇率改革的目标、原则和核心内容。二、密切关注市场反应和汇率改革对各方面的影响，进一步完善人民币汇率的调控机制。保持人民币汇率在合理、均衡水平上的基本稳定。三、加快发展外汇市场和各种外汇衍生产品，尽快开办银行间远期外汇交易，推出人民币对外币掉期等产品，为客户提供更多、更好的避险工具。四、继续

完善汇率改革的各项配套措施，进一步深化外汇管理体制改革，完善银行结售汇头寸管理。五、建立健全调节国际收支的市场机制，促进国际收支平衡。

人民币汇率形成机制改革符合中国根本利益。适当上调人民币汇率水平对中国宏观经济、企业和人民生活的影响总体上是有利的；不过，在短期内也会对一些竞争力比较弱的行业和企业产生调整的压力。

4. 化解人民币单边升值带来的风险

当前我国金融领域的焦点集中在人民币汇率问题上。国际舆论与预期不断提高人民币升值水平，并建议一次性大幅度升值；同时，国际市场上美元贬值也对人民币升值形成进一步刺激。但是，人民币升值若超出自我承受范围，将导致经济运行中的一些风险加大。

2008年6月29日，在"2008影响中国A股投资国际论坛"上，北京大学金融金衍生品研究院特邀研究员谭雅玲指出，人民币单边升值有很大风险，目前的汇率政策存在很大失误，政府要主动改变不利局面，"不要怕干预经济、汇率"。

谭雅玲表示，人民币单边上扬不仅违背了市场规律，违背了渐进、可控、小幅度这一汇改基本原则，也超出了中国经济能够承受的范围。而任何一个国家的经济问题都是货币升值造成的，从来没有因为货币贬值造成问题的，她说："从这个角度，我们单边升值有很大风险。目前的汇率政策已经对国内的企业和投资者造成了很大压力，6.5已经是国有出口企业能够承受的人民币对美元汇率的生死线了。在这个局面下，中国必须要以动来改变现有的拘谨局面，不要怕干预经济、汇率，而应主动调整。"

就我国目前来看，人民币单边升值的风险主要表现在这三个方面：一是人民币单边升值导致我国外汇储备因汇率而损失和购买力缩水；二是人民币单边升值导致热钱大量进入；三是，人民币单边升值过快给出口企业带来了空前压力，致使我国经济增长迅速放缓，可能出现硬着陆。

如何化解人民币单边升值所导致的风险呢？在2008年7月举行的"中国外汇投资行业高峰论坛"上，专家表示，要化解风险，就应改变人民币单边升值预期，实现"藏汇于民"，同时加快外汇配套制度建设。金融机构应从简单金融衍生产品做起，防范市场风险。

中国统计学会国际收支分会专家委员王允贵指出，截至2007年末，中国海外财富67%是官方储备，只有33%由民间所拥有。专家认为，"藏汇于民"有更多发展空间。从转变经济增长方式看，外汇市场应该能够给个人和居民提供更多投资机会和投资工具，满足人们的各种需要。

中国国际经济关系学会常务理事陈炳才指出，"藏汇于民"需要满足以下条件：国际产品价格低于国内；国外证券市场存在投资机会和资金套利机会；本国货币相对稳定但有波动。但目前人民币汇率趋向单边升值，趋势明显，预期明确而坚定，其结果是国内企业和个人倾向于结汇持有人民币、外汇贷款流入增加，导致外汇资源向国有集中。"汇率相对稳定波动需要提高货币地位，尤其需要企业能跨国经营，在国际上有竞争能力和竞争地位，才能做到，中国目前做不到"。

他指出，应继续进行能源和资源价格改革；放松资本管制，放宽个人、民营企业境外直接投资的限制和审查，允许个人、机构在香港之外的证券、债券市场进行投资等。

与会专家提醒说，管理风险应是外汇投资机构永恒的主题。外汇通首席策略师安狄指出，我国外汇市场基础薄弱，缺乏足够的管理风险的手段、差异化汇率风险管理工具、职业化外汇投资人才队伍以及稳定可

靠的外部政策环境。

王允贵认为，国内机构投资国际外汇市场最好是从简单易行、又能分析的产品做起，不要一次性进入到多种复杂的衍生产品组合。同时，加强个人投资者教育，提示外汇投资的潜在风险。

中国银行全球金融市场部总监吴天鹏说，从外汇投资机构内部风险管理看，一是要完善市场风险管理体系；二是提高风险管理的能力。应采取风险分层管理，在不同层次间明确风险管理的权限和责任，同时实现相应授权和汇报机制。在量化控制市场风险方面，国内金融机构做的还不到位，差距最大的是定价能力和估值能力。目前金融机构外汇业务既需要规范，又需要在合规前提下加强创新。

他指出，我国金融体制还不健全，很多信用风险没有合适的对冲工具，只能借助国外衍生产品，容易受制于人。因此，创新产品要自主定价，多推出与国内指标挂钩产品，少做"背对背"的国外挂钩产品，变被动为主动。

总而言之，从汇改三年中得出的一个深刻教训就是，今后，必须坚定不移地执行"主动性、可控性、渐进性"原则，决不能让人民币升值过快，失去控制，任何时候也不能动摇，这是应对各种经济风险的关键环节。同时，积极主动运用好外汇储备，把死钱变成活钱，变被动等待贬值为积极寻找出路，切实经营好外汇储备。

5. 汇率形成机制改革任重道远

2005年7月21日起，我国开始实行以市场供求为基础、参考一揽子货币进行调节、有管理的浮动汇率制度。自此，人民币汇率不再盯住单一美元，形成更富弹性的人民币汇率机制。对于这次完善人民币汇率形成机制的改革，国际社会和国内各方给予了积极的正面评价，普遍认为人民币汇率改革迈入了新的历史进程。

从2005年7月到2008年，人民币汇率改革整整三年了。当初央行新闻发言人回答"为什么要进行完善人民币汇率形成机制改革"时，提出了七个"有利于"的汇率改革子目标。而截止到2008年7月，这七个子目标中，"有利于贯彻以内需为主的经济可持续发展战略，优化资源配置；有利于保持进出口基本平衡，改善贸易条件；有利于促使企业转变经营机制，增强自主创新能力，加快转变外贸增长方式，提高国际竞争力和抗风险能力；有利于充分利用"两种资源"和"两个市场"，提高对外开放的水平"这四个目标正在接近，而"有利于增强货币政策独立性，提高金融调控的主动性和有效性；有利于保持物价稳定，降低企业成本；有利于优化利用外资结构，提高利用外资效果"三个子目标则基本没有达到。

最显著的收获是以内需为主的可持续发展战略取得初步进展。从2007年开始，消费超过投资和出口成为经济增长第一源动力，2008年以来进口增长持续超过出口，逐渐向进出口平衡的目标迈进。上半年进口同比增长30.6%，比出口增速快8.7个百分点，与此同时，贸易顺差比2007年同期下降11.8%，净减少132.1亿美元。

难能可贵的是，我国一些出口企业顶住了压力，通过转变经营机制和自主创新，不但生存下来，而且提高了国际竞争力和抗风险能力。2005年人民币开始升值之后，我国出口商品价格指数持续下降，但2007年以来这个趋势渐渐有所改变，虽然出口增速在下降，但大多数出口产品的价格指数开始上升，而且升幅都超过汇率升值幅度，这表明我国出口商品的国际议价能力在提升。这是我国一些出口产品国际竞争力增强的表现。

人民币升值促使我国企业出口结构持续升级。近年来，工业制品在出口结构中的比例持续上升，初级产品占比在持续下降。在工业制品

中，机械及运输设备产品的占比逐年提高，2008年以来，机械及运输设备产品占总出口的比重由2007年的47.5%进一步上升至49%；而附加值相对较低的杂项消费品和原料类制品和2007年相比则分别有所下降。2008年上半年，高新技术产品出口增长21.8%；机电产品出口增长25.4%，而传统大宗商品出口的增长明显放缓。

汇改三年来，大量中国企业抓紧本币升值之机，实施"走出去"战略拓展国际市场，从2002年到2007年，中国对外直接投资增长了近7倍，年均增速60%，对外直接投资净额从世界第26位劲升到第13位，居发展中国家首位；2008年首季，我国对外直接投资为193.4亿美元，同比增长高达353%。

七个"有利于"中的其他三个没有实现目标，原因当然是多方面的。

首先，由于国际环境的变化和人民币升值的预期导致大量外资流入中国，加剧国内流动性，央行为了对冲过剩流动性被动买卖外汇的行为，使货币政策的独立性受到一定程度影响。

其次，由于人民币汇率弹性偏小，在缓解输入型通胀方面，近两年汇率工具还没有发挥出其应有的作用。当然，稳定物价并不能仅靠汇率升值来实现。

最后，由于短期资本流入规模加大，也使国内利用外资的结构未能优化。2007年我国由非顺差及实际利用外资所带来的外汇储备月增加额为104.37亿美元，而2008年上半年，这类外汇储备月增加额为295.30亿美元。这说明，在贸易顺差以及我国实际利用外资之外的因素所带来的外汇储备增长较快，而这一部分外汇储备恰恰是流动性最强、波动性最大，并且大部分都源于短期套利国际资本。短期资本流动的高度不可控性，加剧了国内金融市场的动荡和不安定，易导致金融风险上升。

人民币汇率制度改革重在人民币汇率形成机制的改革，而非人民币

汇率水平在数量上的增减。从目前的情况看，人民币汇率形成机制改革依然任重道远。

第一，在人民币汇率形成过程中，市场还没有发挥出其应有的基础性作用。人民币汇率中仅人民币对美元汇率是境内形成的，而人民币对非美元货币汇率是境外形成的非美元货币对美元汇率与人民币对美元汇率套算而成。但是目前我国关于人民币对美元的汇率定价不够灵活，市场供求关系在定价过程中的作用还不突出，并且对人民币对外币交易价的波动幅度有严格限制。

第二，人民币汇率参考一篮子货币来调节的特性需要增强。截至7月16日，人民币对美元中间价较汇改前升值21.48%，然而对其他几种主要货币升值幅度却很小甚至贬值：同期人民币对日元较汇改前升值12.48%，对欧元则贬值7.81%；对英镑的汇价较2006年8月1日上升8.98%（人民币对英镑中间价自2006年8月1日起开始公布），同期人民币对美元则升值17.03%。人民币升值的这种非均衡性在有效汇率的变动上体现得更为明显。根据国际清算银行的数据，截至2008年6月，人民币有效汇率指数较三年前上升9.74%，大大低于同期人民币对美元20.66%的升值幅度。三年来，人民币汇率钉住单一美元的特征并未明显减弱，正是由于这方面改革的进展有限，致使我国货币政策工具的选择和运用比较被动，在很大程度上受美国货币政策走势的牵制。

第三，人民币汇率的弹性急需扩大。尽管三年前提出了要实行"有管理的浮动汇率制度"，然而目前银行间即期外汇市场人民币对美元交易价的浮动幅度不能超过5%。银行间即期外汇市场非美元货币对人民币交易价的浮动幅度不能超过3%，人民币汇率弹性仍然过小。而在目前国际通胀压力上升和不确定性因素增多的国际形势下，灵活的汇率机制有利于我国更从容地应对国际经济、贸易、投资和政治环境的变化，符合中国国情和中国经济持续快速发展需要。

6. 逐步推进人民币自由兑换

在国际金融危机背景下，推进人民币国际化进程，提高人民币在周边地区的国际清算地位，成为专家关注的话题。

在我国，尽管人民币在越南、老挝、缅甸、俄罗斯和蒙古等边境地区成为事实上的结算货币和支付手段，在中国的澳门地区和香港地区、新加坡、泰国以及欧美的中国城内等地方，人民币也已成为一种可接受的货币，但是在推进人民币国际化的进程中，还需要实现人民币自由兑换。

货币的自由兑换，是指一种货币的持有者，可以按照市场汇率自由地把该货币兑换成另一种货币，而政府不对这种兑换设置任何限制。它包括经常项目可兑换和资本项目可兑换。

通常情况下，货币自由兑换分为三个层次：一是不可兑换；二是经常项目（包括贸易收支、服务收支、单方面转移等）可兑换；三是资本项目可兑换，即在资本与金融交易项目（国家之间发生的资本流出与流入）下均可自由兑换。

我国已经实现了货币自由兑换的前两个层次，而人民币实行包括资本项目在内的完全自由兑换是一项系统复杂的工程，必须稳妥推进。各国在取消资本管制、实现资本项目可兑换上推进步骤各有不同，大多采取渐进的、审慎的步骤。对各国的研究表明，资本账户开放可取的排序是：先放开长期资本，再放开短期资本；在长期资本范围内，先放开直接投资，再放开证券投资；在证券投资范围内，先放开债券投资，再放开股票投资；先放开对金融机构的管制，再放开非金融机构和居民个人的管制；在所有形式的资本流动中，先放开资本流入，再放开资本

流出。

  我国大体是按照上述步骤来推进资本项目可自由兑换的。根据国际货币基金组织的统计，中国已经放松或部分放松管制的资本项目就有20～30项，剩下的主要是部分项目的逐步探索开放问题。中国人民大学财金学院副院长、金融与证券研究所副所长赵锡军教授建议，接下来可以考虑采取以下步骤：在资金流入方面，对于外商直接投资可逐渐实行外国直接投资的汇兑自由；可逐步适当放宽外国投资者在我国金融市场上的投资，加大证券资本的流入；逐步放松境内企业向境内外资银行融资的限制。在资本输出方面，应放松对境内居民机构海外直接投资的管制，对境内居民对外证券投资的放松要谨慎有序；适当允许境内金融机构向非居民融资；谨慎对待非居民金融机构在我国境内筹资。

  自1996年以来，中国资本市场走了一条以引进国际资本为主线的渐进式开放之路，最先发端于外商直接投资（FDI）和外国政府与国际金融机构的中长期信贷，随后是债券市场的国际化、股票市场的国际化。股票市场的国际化先是经历了B股发行、海外上市、外资参股等开放历程，2002年以QFII机制的启动使得投资开放步伐加快，2006年QDII机制启动及不断出现的海外购并、2007年以QDII境内个人直接对外证券投资业务试点等举措改变了长期以来以资本流入为主的开放模式，开始拓展资本流出渠道。与中国资本市场开放相配套，对资本流动的管制也作了相应调整。随着资本市场开放进程的推进，中国资本市场尤其是股票市场开放已经达到了一定规模，开始吸引国外资金的持续流入。中国资本市场的迅速发展还吸引了大批著名的境外金融机构通过在我国设立分支机构、投资参股的形式参与中国资本市场业务，使得资本市场的服务性开放程度也在增加。

  在资本市场不断开放的同时，我国的外汇体制进行了相应的改革，汇率制度改革和外汇市场建设也在同步推进。回顾改革历程，可以看出中国资本市场的发展和开放与人民币自由兑换和汇率制度改革是一个相

互促进的过程：资本市场开放要求人民币可自由兑换和富有弹性的人民币汇率制度，通过对资本流动管制的不断放松和人民币汇率制度的配套改革，会促进资本市场的更快发展；而资本市场的发展又反过来为加快人民币自由兑换和汇率改革进程创造了有利条件。最终使三者在相互协调、共同促进中步入互动的良性发展轨道。

从居民个人角度来看，我国允许个人开立外汇帐户，境内居民外汇存款，存款人可以将外汇汇出境内，允许居民持有外币现钞，可以向银行出售外汇，也可以在银行做各种外币之间的买卖，允许境内居民利用手中的外汇买卖B股等，以上都表明人民币资本项下的管制正在放松，人民币正逐步走向完全自由兑换。

货币完全可兑换好处良多，然而，它需要很高的先决条件：国内经济实力雄厚、合理的汇率机制和健全的宏观经济政策、健全的金融体系和金融市场、良好的国际收支状况、成熟的监管等。同时在人民币汇率完全自由浮动前，保持一定的资本管制仍然是需要的。

货币自由兑换的先决条件如此严苛，以至于稍有不慎就可能导致彻底的失败。在这个方面，英国的教训可谓惨痛。1947年，英国在外来压力下，提早完成了英镑的自由兑换，结果只坚持了六个星期，就被迫恢复了外汇管制，损失了大笔外汇储备。

没有人确切知道人民币将在何时才能实现完全可自由兑换。在加入世界贸易组织谈判中，中国没有作出人民币资本项目可自由兑换的承诺。

一些人把2010年看作是一个人民币可能实现自由兑换的重要时间点。中国在1996年实现了人民币经常项目的可自由兑换，一般国际经验表明，从经常项目可自由兑换到资本项目可自由兑换的进程为15—20年左右。这样来算的话，人民币有理由在2010年基本实现完全可自由兑换。

事实上，有关人民币自由兑换的初级试验一直在进行。2005年1

月10日，中国银联正式开通人民币银联卡在韩国、泰国和新加坡的受理业务，提高了人民币的可兑换性。2006年，央行表示将在上海浦东试点开放小额外币兑换。而人民币汇率波动幅度今年以来也明显扩大。

总而言之，人民币正在向完全可自由兑换的最高境界迈近，但是在人民币最终成为世界货币之前，中国有很多事情要做。归根到底，只有当中国人对自己国家的经济有足够的信心，愿意把资产的绝大部分保留在人民币资产里，才可能实现人民币自由兑换。

7. 货币政策不宜大幅放松

2008年10月26日，央行行长周小川在人大常委会会议上作国务院关于加强金融宏观调控情况的报告，报告中介绍了七项金融宏观调控措施。报告提出，要加强窗口指导和信贷政策指引，根据实体经济的有效需求调整信贷投放的节奏和力度，将放松银根，促进经济增长。

在报告中，周小川第一次提出"保证市场流动性充分供应"，并推出了一系列货币、财政及外汇管制等措施，来抵御国际金融危机的冲击，宏观调控从"压顶"转为"托底"，方向上发生了变化。

针对周小川提出的"保证市场流动性充分供应"这一措施，金融专家指出，这预示着下一步会合理运用利率等价格型工具实施调控，力保经济稳定、金融稳定、资本市场稳定、社会大局稳定。市场预期，未来几个月央行可能再次下调存款准备金率和降低利率，以缓解前一阶段货币紧缩造成的影响。

对于周小川的"放松银根"的货币政策，国务院发展研究中心研究员吴敬琏指出，就短期对策来看，要保持宏观经济稳定，应该实施较松的财政政策和货币政策，但同时货币政策也不能过度放松。

吴敬琏认为，从短期的对策来看，我国的货币政策不宜大量放水，应该采取松的财政政策来跟货币政策打拼。此外还应该用一些不需要注入货币放松银根的办法。

吴敬琏认为，1998年，为应对东南亚金融危机，我国曾采用扩张性的财政政策，出台措施扶持中小企业，这种方法现在依旧是一个很好的选择。

商务部研究院研究员梅新育认为，因为资本项目管制和对五花八门金融衍生工具的审慎态度，中国成为不少人眼中远离金融危机海啸的世外桃源。但毕竟中国经济外贸依存度已在全球大国中最高，我们不能不对危机冲击多作几分准备。

梅新育指出，与1997年至1998年宏观政策急剧转向时期相比，我们今天面临的外部冲击更大。但我们国内的状况比当时好，财政收入充裕，金融机构资产负债结构大幅度改善，此前持续的反通胀政策也为今后采用适度放松货币政策刺激经济增长提供了较大的空间，而不必担心类似日本零利率陷阱那样的尴尬。

为了"保增长"，梅新育认为，我国目前可以优先采取的应当是财政政策，国际大宗商品市场的崩盘已经显著减轻了我国的外部通货膨胀压力。但各国救市所注入的资金动辄数千亿美元、上万亿美元，更不用说普遍的大幅度降息和降低准备金率了。稳健的货币政策蕴藏着通货膨胀强力反弹的风险，何况我国目前的一些政策取向（如提高居民收入、扩大内需等）有可能产生成本推动通货膨胀压力。不仅如此，中国房地产市场的价格泡沫并未得到充分释放，房地产救市政策有可能重蹈前几年格林斯潘过度放松货币政策引爆今日次贷危机的覆辙，并进一步加深我国社会的裂痕。因此，梅新育认为，在短时间内连续几次放松货币政策之后，我国不宜再急于大幅度地放松货币政策。

多数专家认为，过度放松的货币政策对我国不利，将加剧通胀压力。商务部国际贸易经济合作研究院国际市场研究部副主任白明认为，长期采用过于宽松的财政政策，结果可能导致另一场金融危机。例如，2001年美国"9·11"事件后，美联储连续降低利率以挽救经济，联邦基金利率从2000年中期的6.5%降到了2003年的1%。当时宽松的货币政策确实有效刺激了美国经济，住房投资增加令经济迅速回暖。随后经济出现过热迹象，乃至全球石油、铜等资源产品价格飙升。美联储提高利率，致使当初以低利率得到贷款的购房者们月供大幅提高，低收入者大量断供，便出现了次贷危机。因此，对我国来说，在当前不宜采取过度宽松的货币政策。

8. 严防热钱兴风作浪

2007年3月5日，温家宝总理在第十届人大五次会议所做的政府工作报告中指出，"要综合运用多种货币政策工具，合理调控货币信贷总量，有效缓解银行资金流动性过剩问题"。这是流动性过剩问题首次进入政府工作报告。

从主要城市的房地产大涨到股市屡次创出新高，从商品价格狂飙到巨资并购，流动性泛滥资金所带来的热钱洪流似乎要将所有资产的价值都全面推高。

"如果用一句最简单的话来概括当前宏观经济、金融形势的基本特点，毫无疑问应该是流动性过剩"，中国社会科学院金融研究所所长李扬说，流动性过剩的主要表现就是，货币量过度增加，银行体系资金泛滥，利率低企。

一直以来，中国都是消费倾向相对较弱，而储蓄率居高不下，高储蓄率难以转化为高投资率，储蓄投资的缺口造成贸易顺差和外汇储备急剧增长，而外汇储备规模的增加意味着通过外汇占款形式发放的基础货

币增加，造成了大量基础货币的被动发行。许多学者认为，这正是流动性过剩的内因。

"流动性泛滥"即"热钱"这个原本有点生涩的词正在变得越来越热。它像是一个链条的开端，联接着人民币升值、房地产调控、股市泡沫、外汇储备迭创新高等等一系列对中国经济影响深远的事件。

中国农业银行高级经济师何志成说："热钱有狭义与广义之分。狭义热钱指短期投机资金，而广义热钱则包含国际机构和个人的避险资金，国际上一般认为这两部分的划分比例为'三七'开，其中七成是前者，也即短期投机热钱。"

从积极的角度讲，何志成认为热钱流入是国际社会对人民币信心增加的体现，并在一定程度上缓冲和支撑了部分领域和行业的资金紧缺。

而从消极的角度讲，何志成认为异常的外汇流入速度和额度则必须引起关注，因为巨量快速的资金若缺乏有效监管，会危及一个发展中大国长久的可持续发展，比如这些钱从何而来，投在了哪些领域，风险程度如何，融入中国经济的深度和广度怎样，以及何时撤出，以何种速度和方式撤出等，对于一个金融安排尚不完善但发展迅速的国家无疑至关重要。

热钱之所以让当今世界共同头疼，首先在其流入渠道的黑白混杂，难以用现成法规有效监管。

德意志银行发布的一项针对200家中国境内外企业和60名高收入个人所作的相关调查显示，热钱流入在企业方面的主要途径是"高报出口、低报进口和虚假对境内直接投资"；在个人方面则主要通过两个"合法"漏洞进行：内地每人每年5万美元的换汇额度；香港每天2万元（港币至人民币）兑换额度及每天可向内地汇款8万元人民币的制度安排。

在热钱流入渠道黑白混杂的形势下，做好监管工作尤为重要。对成熟市场经济体来说都难以控制的热钱监管，有两个比较现实的解决办

法：一是必须打破人民币稳定升值的预期，这是防止热钱趋利避险流入的前提，只有让币值有升有降，才能从源头上减少巨量热钱的流入。

二是通过法规调整增加紧急状态下的相关处置条款，也就是把"丑话说在前头"，即如果出现危及国家金融安全的情况，有关部门可以采取控制外资流出的相关举措。

对于后一种情况，绝非意味着制度倒退，而恰恰相反，是在目前我国金融体制尚不完善的情况下，给那些游资热钱以必要的风险提示，增加其对政策风险的预见性。

除以上两个措施外，有专家认为，严防"热钱"兴风作浪就先要采取各种措施，堵住"热钱"流入的渠道，防止"热钱"的大量涌入。但是，从实际效果上来看，这种做法并不令人乐观。据报道，市场调研人员在威海调研时获悉，在当地，"热钱"甚至出现了一种更"生猛"的入境方式——搭乘渔船，现金直接入境。从这个细节上不难看出，"热钱"的涌入已经到了不择手段的地步，仅仅采取堵的措施难免有疏漏。

此外，有金融专家提出严防"热钱"的关键在于不给热钱牟利的机会。他们认为"热钱"入境后一定会千方百计地寻求投资通道。"热钱"流入中国的动因，在于获得利息、人民币升值收益以及资产价格溢价，据此推算，热钱的投资对象大致包括银行存款、股票、房地产三类。要防止热钱兴风作浪，也应该从这三块着手。

但就目前而言，"热钱"存到银行并不合算。因为市场普遍预期，2008年人民币对美元的年升值幅度将达到10%至15%，再加上中美两国利差倒挂因素，从理论上来看，只要能把手中的美元换成人民币存入中国国内的银行，就可以坐享12%至17%的无风险年利。但是，这种计算没有考虑"热钱"所面对的时间成本等因素，也没有考虑"热钱"承担的风险因素，如果考虑到这两大因素，"热钱"的这种套利行为一个是获利并不丰厚，一个是风险大，撤离难，另外，也容易被查处。

因此，专家认为，热钱到中国，很可能有三个选择：一是大批量收购中国的矿产等资源；二是投资于股票；三是投资于房地产市场。尽管很多人倾向于认为，"热钱"青睐中国的房地产市场，但一些专家认为，由于房价仍然处于高位，热钱向这一领域涌入的可能性不大，最大的可能是在中国收购矿产等优质资源，或投资于股票。

事实也正如此。目前，热钱加快了在中国收购矿产等资源的步伐，从和田玉到金矿，外资身影不断涌现。在美元持续贬值的当下，"热钱"通过收购中国的矿产资源和其他优质资源，不仅能够规避美元贬值风险，还能坐享人民币升值及资产升值之利。面对这种疯狂的收购，政府应该出台更为严厉的措施予以限制。同时，应对股票账户进行严格的监督，对实名制进行更严格的核对，将每一个账户都纳入监管范畴，对资金异动的账户特别"关照"，不给热钱涌向股市的渠道，以避免热钱的进出加剧股市震荡。从多方面着手，不给"热钱"兴风作浪的机会。

9. 堵住热钱回流的"堰塞湖"

热钱在世界各国或地区间的流动，决不只是为寻求资金的安全，而是以通过短期套汇、套利和投机获取超常回报为目的。除了这种目的上的贪婪性，热钱在手法上还具有隐蔽性和非法性特征。热钱的流入通常不易被察觉，但是一旦获利丰厚的热钱逃离时，这个国家或地区的经济便会陷入困境乃至引发全局性危机。

自2003年以来，我国经济以年均增长两位数快速发展，人民币升值预期强烈，国内房地产市场、股票市场持续高涨，各类资产的价格也在不断膨胀，从而对国际上的热钱产生了强大的诱惑力。而在此期间，

国际热钱最大的源地——美国的本币美元却在不断贬值，加之双赤字、次贷危机、美联储降息、中美利差倒挂等等。所有这些，都让国际热钱一方面对美国等发达国家的前景不看好，另一方面又认为到中国这样的发展中国家投机是一种不错的选择，所以热钱流入我国也就在所难免。当然，这其中除了逐利的动机外，也不排除还有其他不可告人的目的。

尽管我国一直实施严格的资本项目管制制度，使得作为短期国际资本的热钱不能自由进出，可这并不妨碍热钱借道其他途径进入已经开放的中国。而且近年来热钱进入我国内地的手法也在不断翻新，除了虚假贸易、外商直接投资（FDI）等手法外，地下钱庄对热钱来说虽有一定风险性，但却以方便快捷成为热钱进入我国境内的重要途径。通过地下钱庄，境外热钱只需在境外将外币交给地下钱庄，地下钱庄便会在境内按委托人指定的账户存入相应数量的人民币，这样境外热钱就轻而易举地进入了境内，而地下钱庄自然要从中收取相应的手续费。种种迹象表明，我国已经由上个世纪的资本流出国成为目前的热钱流入国。据社科院世界经济与政治研究所的研究，从2005年汇改以来到2007年的三年时间，流入我国的热钱超过8000亿美元，占2007年底我国外汇储备存量的一半以上。

特别是进入2008年以来，流入我国的热钱更呈上升趋势。如果不考虑外汇储备的利息，以及外汇储备中非美元外汇对美元的升值因素，可以用"外汇储备变动－贸易顺差－外商直接投资＝热钱规模"，从而计算出热钱流入数量。在2008年的一季度，我国外汇储备增加1539亿美元，同期贸易顺差为415亿美元，实际利用FDI为274亿美元，通过上述公式可以计算出，2008年一季度流入我国的热钱高达850亿美元，占外汇储备增加额的55%。到了2008年4月，我国外汇储备增加745亿美元，同期贸易顺差为167亿美元，实际利用FDI为76亿美元，由此可以计算出，当月流入我国的热钱为502亿美元，占外汇储备增加额的67%。这说明，热钱流入我国的速度有增无减。更值得注意的是，

2008年1至4月份流入我国的FDI同比增长59%，但外商固定资产投资却在减少，这意味着有些来到我国境内的资金并没有投资，而是投向了资本市场。所有这些征兆，就如同大震之前蟾蜍大规模过街一样，向我们发出了危险信号。

热钱流入给一个国家或地区带来的严重后果，无论是从深度和广度，还是从时间和空间上看，都不亚于地震中形成的堰塞湖可能引发的灾难。上个世纪80年代的日本，就曾因为日元升值引发了强烈的单边预期，导致大量热钱纷纷涌入，推动房价、股价快速上涨，而当热钱撤出时，房价、股价就像过山车一样迅即跌入低谷，令日本经济陷入严重的危机之中，日本政府曾动用了70兆日元的景气恢复对策资金也无济于事。热钱引发的那场灾难，使得日本经济在上世纪90年代一直处于零增长甚至负增长，所以日本人把20世纪90年代称之为"失去的十年"、"伤心的十年"。岂止十年，如果以2002年日本经济才恢复到2%的增长作为截止的话，前后已经是13年，而且时至今日将近20年过去了，日经指数再也没有回到1989年12月创下的38915点的历史高位。

1997年发端于泰国的东亚金融危机，其罪魁祸首也是国际热钱从中作祟。而且这些热钱又多是以对冲基金的方式，对包括我国香港在内的东亚有关国家和地区的股市、汇市、期市、楼市进行了地毯式的全面"轰炸"。如果不是国际货币基金、世界银行等国际金融机构的紧急救援，有些国家和地区的经济就会彻底垮掉。我们在香港对国际热钱的阻击，尽管保住了港币对美元的联系汇率却也付出了相当的代价。

热钱流入我国的目的是要通过投机获取利益，而其投机的路径无非三条：一是通过人民币升值套汇；二是通过中外之间的利差套利；三是套取资本升值的溢价收益。热钱会否快速流入而后又快速流出，关键取决于这三条路径的条件变化。因此，要防止热钱进入我国投机炒作获利后又迅即逃离，就必须在这三条路径上设置好相应的防范和应对措施。

首先，要把握好汇率走势。由于连年外贸顺差以及外汇储备增加等

因素影响，从 2003 年开始我国人民币就面临着升值压力。如果那时人民币兑美元的汇率一步升值到位，好处是可以挡住热钱流入，但却会给出口造成压力，进而带来失业的增加。在这种两难选择面前，人民币的升值采取了小幅慢走的汇改政策，从而也给热钱流入套汇带来了可乘之隙。但如果在目前形势下加快人民币升值步伐，那又恰恰让热钱出逃找到机会。所以，眼下只能是把握好汇率走势，综合运用调控工具稳住经济，在这样的条件下，稳步推进人民币汇率的市场化形成机制，减轻市场对人民币汇率的升值预期，进而从根本上缓解热钱涌入的冲动。

其次，要运用好利率杠杆。尽管近期美联储已宣布准备放弃低利率政策，但是其政策的兑现还有待时间来验证，况且目前中美之间的利差足以引起热钱的兴趣。因此，我国当前抑制流动性过剩仍应更多地采用提高存款准备金率的做法，而不是提高利率。这固然会影响商业银行的效益，但是较高的存款准备金率不仅有利于应对金融危机的发生，对热钱本身也是威慑。

再次，要防止资本市场价格的大起大落。当前最重要的是必须防止股市和楼市大涨大跌，因为一个大涨大跌的股市、楼市乃至资本市场一方面会给热钱带来更多的赚钱机会，另一方面也必然会进一步强化对热钱的吸引力。

最后，要坚持资本项目管制。无论是套汇、套利还是博取资本收益，都要将外币兑换成人民币最终又兑换成外币出逃。资本项目的管制尽管不能完全截断这种兑换，但却可以起到拦水大坝的作用，不至于让热钱如洪水般汹涌而至又席卷而去。所以不到时机成熟，决不可轻易放开资本项目的自由兑换。

国际炒家索罗斯曾说过，"我们不找无缝的蛋"。细分析起来，其实无论当年的日本，还是东亚金融危机中的有关国家和地区，都是其自身的经济出了问题，才成了国际热钱的猎物。就连目前我国也同样，也是因为经济发展的粗放和结构调整的滞后，加上体制机制方面的某些不

健全，才让国际热钱视为目标。所以，我们必须扎实推进经济发展方式转变，加快产业结构优化升级，大力优化投资结构，稳定和完善对外开放政策。在此基础上，进一步加强金融监管，切实防范金融风险，把预防和阻击热钱的进入与出逃作为长期性工作，建立高效能的金融监管和预警机制，密切监控热钱动向，标本兼治有效防范国际热钱可能带来的冲击和灾难。

10. 警惕国际热钱掌控中国粮食产业

2007年以来，国际粮价暴涨，而中国因为有充足的库存，并切断了与国际市场的通道，而保持稳定。与国际高企的粮价相比，中国粮食已形成了一个价格洼地。正是这种洼地，让国际投机资本看到了机会。

作为世界上人口最多、粮食生产量最大和消费量最大的国家，中国已经不可避免地成为热钱追逐的对象。多数金融专家担心，投机资本家不再看好楼市与股市的投资前景后，下一个进入领域就是粮食，如果大量的资本进入，粮食价格很快就会失控。

专家认为，热钱对中国农业的投资兴趣高于世界上任何一个国家，还不仅在于中国有世界上最大的消费市场，购买力强；更重要的是，长期以来，我国对农业的保护制度缺乏系统性考虑，热钱易于作局，这也是它们蜂拥而至的重要前提。

事实上，从媒体报道中就不难看出热钱已经觊觎中国粮食。据媒体报道，在2008年上半年固定资产投资中，第一产业同比增长69.5%，加快32个百分点，农业也成为外商投资的新热点；农业股居高不下，泡沫逐渐积累，截至2008年7月底，农林牧渔业36家上市企业的静态市盈率平均达到了46倍，相当于平均静态市盈率的2.26倍。另外，国内期货交易火爆，农产品交易异军突起。郑州商交所2008年上半年累计成交量和成交额同比分别增长了283.98%和449.67%，大连同比分别增长了179.68%和381.24%。

农产品投资和交易活动的极度活跃，与我国处于世界粮食洼地、粮食价格长期看涨密切相关。2008年5月以来，国际市场上1斤大米的价格超过了6元，而同期国内市场还普遍在每斤1.50元左右徘徊，只有国际市场价格的1/4；除大米外，国内面粉价格大约5800/吨，国际市场价接近7000元/吨，相差约20%。虽然2008年国家提高小麦最低收购价标准，但是，小麦平均生产成本比2007年上升220元。如果考虑到农民的用工成本，农民生产小麦实际上处于亏损状态。可以说，当前我国粮食的绝对价位，不仅明显低于国际麦价，甚至比不上1996年的价格水平。

在全球粮食短缺的情况下，中国的低粮价引起了一些国际投资商的青睐，国际热钱趁机流入国内市场，操控国内的粮食市场，然后赚取巨额利润。据调查，国际热钱钻国内外粮食价差空子的途径主要有：到中国低价收购粮食，出口到香港，再转口欧洲，从中牟利；把粮食收购回来，储存到租来的粮仓里，待到价格攀升之后售出，赚钱更容易。

中国社科院工业经济研究所研究员曹建海说："目前中国粮仓存在很大的空置率，为资本对粮食的收购提供了便利。"

而在资深投资人辛勤华看来，收完粮食再卖掉赚取差价是最笨的办法。"牟取暴利的国际资金往往在不经意中进行布局。"他分析说，几年前，国际资本就已经向中国的农业产业大举渗透。如高盛控股了河南双汇这个中国最大的屠宰公司。"直至今天，可能很多人还没有意识到高盛此举的深远用意，由于猪肉与粮食的密切互动关系，高盛等于是加强了对中国粮食领域的控制力。"辛勤华说。

外国资本对中国市场的投入越来越大，就连中国最大的两家制奶业，蒙牛与伊利，同样让外国资本从中获得了最大的利益。而中国在新

加坡上市的"大众食品"更是新加坡最受投资者欢迎的上市公司，其受青睐度甚至超过了国家航空公司，因为它的控制力也在外资手里。

"在当时政策缺少限制情况下，这些国际资本，或者热钱，它们紧紧盯着中国农业板块的上市公司，一个简单的例子，早在 2004 年，德国的 DEG 就介入了中国农业产业化的重点龙头企业 G 海通（600537）。"辜勤华说。

事实上，国际资本一直在中国的大豆、玉米、棉花等农产品的生产、加工以及相关的种子、畜牧等产业虎视眈眈，对与农业关联度很高的行业如化肥、食品加工、养殖、饲料生产等行业层层围剿，以此争取在中国粮食价格上的控制权。在外资的垄断下，中国的大豆市场已经处于瘫痪的境地，每年需大量的进口来满足国内的供应量。

？"国际资本一直在加强对我国农业加工产业的并购步伐。而我国之前对外资投资农业领域的鼓励政策，已经使国际资本在中国农业相关领域获得了足够的控制力。"辜勤华说。

辜勤华认为，目前情况下，大量消耗粮食的啤酒产业已经亟须引起高度重视，之前的哈啤、青啤收购案已经为中国的粮食产业敲响了警钟。2008 年，嘉士伯再度出手，收购了纽卡斯尔在重庆啤酒的股权，成为重庆啤酒的第二大股东。

"在中国粮食市场存在巨大隐性危机的情况下，国际大资本集团有可能收购分散在不同外资手里的啤酒股份，进一步加强对啤酒产业幕后粮食的控制力。"辜勤华提醒说，"最可怕的是国际资本的联合操作，它们一方面会通过集中收购，降低国内粮食供给，另一方面通过掌握的情报，在国际期货市场操作价格。从而对中国粮食进行高额获利。"

辜勤华举例说，2008 年上半年，芝加哥期货交易所，糙米期货就一度出现大面积涨停行情。而根据统计显示，大米、小麦、玉米、大豆和植物油也都处于历史高位。2007 年世界小麦价格上涨了 112%，大豆上涨了 75%，玉米上涨了 50%，大米 2008 年第一季度就上涨了 42%，

势头迅猛。

之所以会出现这样的情形，据悉，我国目前的粮食海外补给一方面通过进口，另一方面就是通过芝加哥的期货交易市场。

"中粮与加拿大小麦局签有长期买卖协议，其他主要进口国家有美国、澳大利亚、法国、巴西、阿根廷等国家。中国在2008年1~2月的农产品进出口贸易总额为150亿美元左右，同比增长了近40%。其中进口额同比增长了近80%。农产品贸易由上年同期的顺差变为逆差。同时，中粮承担了中国在粮食期货市场上的主要买卖任务，虽然多年以来积累了一些经验，但是在大资本作局时，我们赌不起。"辜勤华说，"即使我们有丰富的期货操作经验，当粮食出现告急，在期货市场临时下单是买不到的。而这就可以成为国际资本制约中国这个粮食消耗大国的杀手锏。"

专家提醒说，跨国粮商一旦掌握了我国的大量粮源，掌握了我们的粮食加工流通关键环节，他们就能够掌控粮价，就会打破目前稳定的国内粮价格局。而粮价一旦被他们抬高，他们一方面可以从自己掌握的粮源中获利，同时还可与期货市场相配合，获取更大利益。

这对我国来讲，则意味着粮价防线的失守，会影响到我国宏观调控目标的实现，并可能对国内社会稳定带来影响。

因此，我国需要有效地狙击热钱觊觎中国粮食产业，可以采取这几项措施：第一，参照国际市场价格，大幅度提高粮食收购价格，调动农民种粮的积极性；第二，适度放开国内粮食及其加工品的出口；第三，严厉打击国内粮食囤积和恶意投机行为；第四，调整外商投资目录，限制和收紧外资进入农业及其上下游行业投资；第五，在粮食生产的上下游培植国有控股企业，发挥国有经济在稳定农业安全方面的主导作用。

11. 采取多种措施抑制通货膨胀

2005年中央政府实施新一轮宏观调控以来，经济过热的势头得到了一定缓解。但是，通货膨胀的压力一直有增无减。从我国的现实情况看，通货膨胀压力的形成机制主要由制度性因素、结构性因素和开放性因素三部分构成。

首先，从制度层面讲，计划经济条件下形成的粗放式经济增长模式至今没有得到根本转变，对建立于高投资、高能耗、高污染基础上的、以牺牲环境和资源为代价的GDP的高速增长，扩大了对投资品的需求，引致了原材料、能源价格的不断上升；与此同时，政府相关部门固守本位主义，坚持所谓的政策"独立性"，有关政策的出台缺乏部门之间的协商机制，致使有关调控政策从部门角度看是理性的，但最后导致了整体的非理性；此外，对于粮食、食品价格和石油、能源价格长期奉行低价政策，不仅导致了人民币的高估，增大了外在的升值压力，而且使经济和社会运行中的诸多矛盾得以长期积累，导致许多问题积重难返。

其次，从结构层面讲，结构调整是我国宏观经济长期保持可持续稳健发展的核心问题，近些年政府一直倡导并致力于这项工作，但是实际效果并不尽如人意，传统的产业、产品依然是支撑经济发展的关键力量，高科技产业、新兴产业和创新产品一直增长缓慢。在社会资源的配置中，传统产业和传统产品不仅对新兴产业和创新产品产生了挤出效应，而且推动了社会资源价格的上升。尤其是，由于传统产业和传统产品的回报率较低，导致了金融资源流入房地产市场和股票市场，导致了资产价格的持续上涨，助推了通胀势头。

再次，从对外开放层面讲，现在中国的经济金融对外开放程度已经

非常之高，对外经济依存度高达70%。随着对外开放程度的不断提高，外贸进出口以及外商直接投资的飞速发展，我国经济的"外向型"特征凸现，尤其是近几年"外需"成为我国经济增长中的核心动力，因此从某种程度上讲，本轮通胀趋势起因于中国经济体过度依赖于外资、外贸或外需，这种"外需导向型经济"从国际市场输入商品的同时，也输入了通胀，同时，人民币汇率政策失误导致套利热钱推高了国内各类资产价格和商务成本。

以上分析表明，当前我国的通胀趋势尽管具有货币主义的通胀表征，但其性质上已经发生了根本变化，通货膨胀已经不再是一个单纯的货币现象，更多意义上一个是由制度、结构和国与国之间汇率博弈乃至政治博弈形成的复杂经济现象。因此，防治通货膨胀必须跳出传统思维，以与时俱进的态度寻求新的求解之策。

面对当前复杂的通胀压力，我国必须提高宏观调控的能力，政府的调控政策除了要注重政策的科学性，更需要注重政策组合的艺术性。有专家建议，我国在抑制通胀压力方面可以从以下几个方面入手：

第一，实行减税的税收政策，提高企业的盈利能力和自我积累能力，扩大产品供给。同时，实行扩张性的财政政策，加大财政支出对农业、短缺商品和地震灾区的补贴和支持力度；

第二，平衡财政预算，精简各级政府机构，大量裁减政府机构人员，减少社会福利开支；

第三，加快产业结构调整和高新技术产业的发展，减少政府对产业和企业发展的不适当干预，增强企业竞争能力和发展活力；

第四，对行业和产品实施区别对待的政策，千方百计地增加供求紧张产品的生产，对于农业、重化工业等短期政策不能奏效的产业，应把调整产业结构作为中长期政策，实行倾斜的产业政策；

第五，坚持把提高劳动生产率、提高资金产出率和改善经营管理放在政策的重心，即把经济效益放在政策的首位；

第六，限制重要战略物资、资源和商品的出口，扩大商品进口，平衡国际收支；提高粮食、能源、电力、环境保护以及其它资源的定价并与国际市场接轨，改变中国资源补贴全球的状况，消除人民币升值的非市场化因素，从而消除人民币升值的市场预期；

第七，进一步加强外汇流入的监管，严厉打击国际游资和热钱的进入。

除了采取以上措施外，在防治通胀过程中，还必须充分发挥货币政策的作用。但是，就已有的政策实施情况看，提高存款准备金率和利率的作用空间已经不大。首先，从存款准备金率方面看，理论上，当中央银行提高法定准备金率时，商业银行可提供放款及创造信用的能力就下降，从而对通胀压力起到一定抑制作用。然而，由于我国特有的金融货币体系及金融市场的发展水平，目前我国货币传导体系并不是很畅通，存款准备金率的提高对通胀的抑制并不很强。同时，随着我国信用卡、各类消费卡以及许多准货币发行规模的不断扩大和广泛流通，货币供给量进一步扩大，对居民的消费能力和物价水平都有较大的影响，但它们受存款准备金的约束较小，这样，就进一步弱化了央行提高存款准备金率抑制通胀压力的效果。所以，通过提高准备金率来调节货币供应量的效应是有限的。除非运用到极致，提高利率本身并不能把通胀压力降低到设定的水平。

而就我国的情况看，如果央行加息，那么就会进一步吸引投机资本，进一步加大热钱的涌入，同时也会强化人民币升值，而人民币升值对于出口商来说是雪上加霜。而且，我国目前通胀压力在很大程度上是输入型的，提高利率对农作物、燃料的国际市场价格并不会产生多大影响。只要我们不采取措施限制国际价格对国内价格的影响，当国际农作物和石油价格显著上升的时候，国内价格肯定也会显著上升。尤其是，国际上对以加息来治理通胀长期存在一种误区。在上世纪80年代早期，各国中央银行都奉行弗里德曼货币主义的简单化经济理论，但是，自从

货币主义失效，推崇这一理论的国家付出了高昂代价后，各国央行开始寻找新的理论，"设定通货膨胀目标"应运而生。即只要价格增长超过设定的水平，利率就应该提高。这一粗糙的药方几乎没有任何经济理论或者经验主义证据的基础，但事实上，包括新西兰、加拿大、英国、瑞典、澳大利亚、韩国在内的几十个国家都正式设定了通胀目标，我国也是如此。目前，设定通胀目标受到了考验，而且它几乎可能通不过考验。

当然，这里并不是否定从紧的货币政策的作用。专家认为，实施从紧的货币政策必须拿捏好分寸，掌握好火候，在具体操作上，要适时、适量，讲究动态性，防止经济大起大落，防止因矫枉过正而陷入"一收就死，一放就乱"的怪圈。面对持续的通胀压力，央行调控政策的注意力应该从关注CPI达标，转向关注经济体自身素质的改善、转向关注中国经济发展成果的保护、转向关注经济稳定性的提高和经济结构的优化上来。

为此，专家建议：第一，调整存款利率，改变存款负利率的状况，同时把人民币兑美元汇率由升值调整为贬值；第二，逐步降低存款准备金率，缩小银行存贷利差，以此配合存款由负利率转变为正利率；第三，加强资本项目管制，在人民币贬值到合理目标之前严防资金外逃；第四，取消企业直接融资的行政管制，加大社会资金供给的数量、效率和灵活性；第五，迫使美联储放弃弱势美元政策。在人民币对美元不断升值的现实下，我国央行的单独行动无法产生应有的效果，中美央行一起采取行动才能奏效；第六，央行不能固守货币政策的独立性，有关货币政策的出台必须顾及对股票市场、房地产市场的影响。

此外，各种迹象表明，从紧的货币政策未来一段时间还必须执行。但是，对于该政策所显现的一些新问题我们应该给予充分重视。从银行业的情况看，紧缩的货币政策导致了以下问题：一是中小企业贷款和票据融资下降较快；二是长期贷款迅速增长；三是个人按揭贷款下降幅度较大;四是信用风险、市场风险和房地产贷款风险有所上升;五是商业银行流动性非常紧张,一些银行的存贷比已经超过75%的大限,有的甚至达到88%,乃至更高。所以,当前商业银行面临的经营风险较大。而且,紧缩的货币政策使得中小企业的成长受到了抑制,不利于产业结构和企业结构的调整,对股票市场的发展和结构调整功能的发挥也造成了一定的负面影响。由此,是否继续坚持紧缩的货币政策,需要我国政府认真审视。

12. 吸取教训,完善金融监管体系

随着次贷危机和信用危机的纵深推进,华尔街的投行和美国金融体系遭受了一场巨大的风暴。很多业内人士和专家学者都认为,造成此次金融大风暴的原因是金融监管的松懈,美国从20世纪80年代开始鼓励金融创新,金融衍生产品和资产证券化被过度开发和滥用。

美国金融行业和高科技行业是其在全世界最富竞争力的两个行业,尤其是美国的金融体系,一直被视作成功典范,被形容为是利于金融创新和富有韧性的金融体系,是美国经济自1995年以来保持高速增长的重要原因之一。由于金融监管体系是一个国家金融竞争力的重要构成因素之一,因此,美国金融行业能够领先其他国家和地区,表明它的监管体系和框架基本适应当时的市场需求,符合市场实际。

美国当前金融监管的最大特点是存在多类型和多层次的金融监管机构。在美国这个崇尚自由的国家里,美国人政治和文化上都崇尚权力的分散和制约,反对权力的过度集中,这些都是美国金融监管体制形成的深层次原因。

格林斯潘在《动荡年代》里阐述说"几个监管者比一个好",他相

信各个监管机构同时存在可以保证金融市场享有金融创新所必备的充分的民主与自由，同时，可以使得每一个监管者形成专业化的比较优势，它们之间的竞争可以形成权力的制衡。应该承认，美国的这套监管机制确实在历史上支持了美国金融业的繁荣。然而，随着全球化的发展和金融机构综合化经营的发展，随着金融市场之间产品创新的发展、交叉出售的涌现和风险的快速传递，这样的监管体制也越来越多地暴露出一些问题，其中最为突出的就是监管标准不一致，监管领域的重叠和空白同时存在，规则描述过于细致，监管对于市场的反应太慢和滞后，没有一个联邦机构能够得到足够的法律授权来负责看管金融市场和金融体系的整体风险状况，风险监管无法得到全方位的覆盖等等。

总结这次次贷危机所暴露出的美国在金融监管方面的主要教训，包括两点：

第一，任何一个国家的监管体制必须与其经济金融的发展与开放的阶段相适应，不管监管体制如何选择，必须做到风险监管的全覆盖，不能在整个金融产品和服务的生产和创新链条上有丝毫的空白和真空，从而最大限度地减少由于金融市场不断发展而带来更严重的信息不对称问题；

第二，在现代金融体系里，无论风险管理手段多么先进、体系多么完善的金融机构，都不能避免因为机构内部原因或者市场外部的变化而遭受风险事件的影响，这是由现代金融市场和金融机构的高杠杆率、高关联度、高不对称性的特性所决定的，现代金融体系内的风险产生和传递完全呈现出了新的特征。从这个意义上来说，以格林斯潘为代表的一代美国金融家们所拥戴的"最少的监管就是最好的监管"的典型的自由市场经济思想和主张，确实存在着索罗斯所指出的极端市场原旨主义的缺陷。

美国金融监管体制的缺陷为中国金融监管提供了许多重要的启示。2008年5月9日，中国证监会主席尚福林在上海举行的"2008首届陆

家嘴论坛"上表示，美国次贷危机是在金融市场日益全球化、金融衍生品市场获得巨大发展的背景下发生的，是过去半个多世纪以来国际金融市场首次出现的银行系统与资本市场一起发生的危机，波及面很广，对世界经济的影响也日益明显。

尚福林说，次贷危机的爆发和在全球的蔓延警示人们，尽管金融工具和金融产品有助于分散金融体系风险，但良好的信用体系仍是金融市场稳定运行的基础之一。次贷危机也让人们看到，在全球经济、金融体系联动性不断增强的背景下，风险在金融市场各个子系统之间以及国际金融市场之间的传导效应已经大大增强。

尚福林说，就次贷危机目前的情况进行分析，可以得出一些有助于完善中国金融监管体系的重要启示。

首先，金融监管应该处理好安全和效率的辩证关系。金融市场本质上是对风险进行管理和定价的市场。金融创新是一把"双刃剑"，新的金融产品可以提高金融市场的运行效率，但若处理不当，用于防范金融风险的金融工具也有可能带来新的金融风险。

与此同时，在金融创新的过程中，不仅要考虑产品本身和对于金融体系的风险，还要考虑其对于实体经济可能存在的风险因素。如果片面追求创新效率而忽视了安全，一旦发生危机，不仅会欲速不达，降低金融创新的效率，还有可能对实体经济产生伤害，影响经济运行的效率。

其次，金融监管应当随着市场的发展而不断调整和优化。现代金融体系的监管应该更多地强化功能监管和事前监管。监管者要能够审慎地评估金融产品，洞悉其对整个金融体系的风险。针对这些变化，监管体系有必要从过去强调针对机构进行监管的模式向功能监管模式过渡，即对各类金融机构的同类型的业务进行统一监管和统一标准的监管，以减少监管的盲区，提高监管的效率。

第三，要进一步加强监管的协调。次贷危机充分表明，在金融市场日益全球化、金融创新日益活跃、金融产品日益复杂的今天，传统金融

子市场之间的界限已经淡化，跨市场金融产品日益普遍，跨部门的监管协调和监管合作显得日趋重要。

第四，随着市场发展变化，金融监管的不断调整和市场规则的不断完善将成为一种常态。在金融市场的激烈竞争环境中，市场参与者为了提升盈利的能力，在拓展新的业务领域、推动产生创新的同时，必然会不断挖掘现有市场规则和监管体系中存在的种种问题和缺陷，而这些行为的存在也促使监管者不断地对规则进行修改和补充，客观上推动了金融市场制度和金融监管体系的不断优化。

尚福林说，一些发达国家金融市场发展的历程正是一个规则被不断突破甚至破坏，又不断得到修补和完善的过程。此次信贷危机引发了全球金融市场剧烈的动荡，但也会在一定程度上推动全球金融监管机构开始重新思考和审视资产证券化产品、衍生品市场监管和协同监管等一系列问题。

就次贷危机引发了全球金融危机，北京大学经济学院金融系主任何小锋教授认为，这不仅仅是金融监管的放纵，更是美国全方面虚胀酿造的恶果。

何小锋指出，美国经济社会繁荣发展了20多年，同时也积聚了四个方面的虚弱膨胀，简称虚胀。由次贷危机引发的全面金融危机就是这些虚胀因素累积的结果。

第一个是美国产业结构的虚胀。在过去的几十年经济发展中，美国第一、第二产业几乎大部分转移出去了，同时大力发展了第三产业、高科技产业和金融业。搞研发，理论上没问题，但现实中产生了产业的空洞化。制造业、工业等实业都离开了美国，留下来的都是一些比较虚的行业，这是第一个虚胀。

第二个是金融产业的虚胀，投资银行业迅猛发展，大量实业资本进入金融领域。过度膨胀产生了很多虚拟金融，特别是资产证券化。住房贷款证券就是这样一种产品，收入低和信用记录不良的人群本来是不具

备买房条件的，而金融机构想方设法把它开发出来。同时，经济虚弱的繁荣也造就出拥有巨额资金的大的投行和金融巨头已经不满足一只股票的发行和承销，对超额利润的追求促使这些金融机构创造了大量的金融衍生产品，把一切资产金融证券化运作和包装。国际游资、另类投资如对冲基金等各种私募基金纷纷涌入金融行业，追捧金融机构开发出来的创新产品。

第三个虚胀与美国政府权力的虚胀有很大关系。美国政府看到有跟美国世界观不一样的事情，美国政府就扮演国际警察的角色进行干涉，在国际社会中制造了很多矛盾，甚至动用了军事力量发动战争，这必然需要大量的美元。

在20世纪废除金本位制后，美国政府向全世界发行了大量的美元，但随着其他国际力量和经济实体的崛起，在支撑美元的世界货币体系霸主地位方面，美国实力开始显得力不从心。美联储的降息政策使低收入阶层能买房子，这也是脱离基础现金流的虚胀政策。

第四个是美国社会各个阶层贪婪之心的虚胀。可以从美国三个人群来看这个问题：一是低收入阶层，从客观来讲，很多这个阶层的人是买不起房子的，但是买房子了，这显然属于超出实际能力的一种贪婪，二是美国社会中的中产阶级，这个人群往往消费过度，没有存款的观念，把工资全部消费掉，甚至用信用卡透支，从银行贷款消费，消费过度很普遍；三是美国的精英阶层，由于美国过去20多年经济的高度繁荣，精英阶层的人都不愿意去第一和第二产业这些实体经济部门工作，华尔街和曼哈顿是他们的去处。

何小峰认为这次危机是各种虚胀因素共同作用的结果，不能单从监管角度去看，产业结构、金融业本身、政府权力和各个阶层贪婪等方面出现虚弱的膨胀，共同作用导致了世界性的全面金融危机。

对于发展金融产业和投资银行业，何小峰认为，目前中国仍处于学习先进和练好内功的阶段，中国企业尤其是金融机构现在最重要的问题

是练好内功。他说，中国需要研究清楚，现在美国金融体系发生一点儿变化，都会影响到中国的每一个企业，甚至每一个农民。比如美国市场的农产品或者石油的价格，通过美国期货市场的一番操纵后，就会影响到实物价格，同时也会影响到中国，中国每个人的生活已经跟美国的金融状况息息相关了，这里面存在着复杂的金融利益链条网，牵涉到宏观、微观、金融、实体、国际、国内的综合分析。而目前国内还未能把它精确全面地描述出来，因此要抑制虚胀，审慎行事。

总之，全球化从来就是此消彼长，如果我们的金融业能够练好内功、加强风险控制意识、提高对局势和趋势的判断力，那么这一次的国际金融危机说不定倒是一次机会。如果能借助这样的机会，借助并购、参股等手段更深入地参与全球化，那么我们的金融业没准儿可以摇身一变，多造就些跨国大银行。但是，这一切的前提都是，我们是否能够做到"让变化成为计划的一部分"。